Kohlhammer

Analytische Psychologie C. G. Jungs in der Psychotherapie

Herausgegeben von Ralf T. Vogel

Eine Übersicht aller lieferbaren und im Buchhandel angekündigten Bände der Reihe finden Sie unter:

 https://shop.kohlhammer.de/analytische-psychologie-cg-jungs

Der Autor

Prof. Dr. Eckhard Frick sj, Psychoanalytiker, Facharzt für Psychosomatische Medizin und Psychotherapie, Psychiater, Professur für Spiritual Care und psychosomatische Gesundheit, Klinik und Poliklinik für Psychosomatische Medizin und Psychotherapie, Klinikum rechts der Isar der TU München.

Eckhard Frick

Gerufen oder nicht gerufen?

Spiritualität in der
Analytischen Psychologie

Verlag W. Kohlhammer

Dieses Werk einschließlich aller seiner Teile ist urheberrechtlich geschützt. Jede Verwendung außerhalb der engen Grenzen des Urheberrechts ist ohne Zustimmung des Verlags unzulässig und strafbar. Das gilt insbesondere für Vervielfältigungen, Übersetzungen, Mikroverfilmungen und für die Einspeicherung und Verarbeitung in elektronischen Systemen.

Pharmakologische Daten verändern sich ständig. Verlag und Autoren tragen dafür Sorge, dass alle gemachten Angaben dem derzeitigen Wissensstand entsprechen. Eine Haftung hierfür kann jedoch nicht übernommen werden. Es empfiehlt sich, die Angaben anhand des Beipackzettels und der entsprechenden Fachinformationen zu überprüfen. Aufgrund der Auswahl häufig angewendeter Arzneimittel besteht kein Anspruch auf Vollständigkeit.

Die Wiedergabe von Warenbezeichnungen, Handelsnamen und sonstigen Kennzeichen in diesem Buch berechtigt nicht zu der Annahme, dass diese von jedermann frei benutzt werden dürfen. Vielmehr kann es sich auch dann um eingetragene Warenzeichen oder sonstige geschützte Kennzeichen handeln, wenn sie nicht eigens als solche gekennzeichnet sind.

Es konnten nicht alle Rechtsinhaber von Abbildungen ermittelt werden. Sollte dem Verlag gegenüber der Nachweis der Rechtsinhaberschaft geführt werden, wird das branchenübliche Honorar nachträglich gezahlt.

Dieses Werk enthält Hinweise/Links zu externen Websites Dritter, auf deren Inhalt der Verlag keinen Einfluss hat und die der Haftung der jeweiligen Seitenanbieter oder -betreiber unterliegen. Zum Zeitpunkt der Verlinkung wurden die externen Websites auf mögliche Rechtsverstöße überprüft und dabei keine Rechtsverletzung festgestellt. Ohne konkrete Hinweise auf eine solche Rechtsverletzung ist eine permanente inhaltliche Kontrolle der verlinkten Seiten nicht zumutbar. Sollten jedoch Rechtsverletzungen bekannt werden, werden die betroffenen externen Links soweit möglich unverzüglich entfernt.

1. Auflage 2024

Alle Rechte vorbehalten
© W. Kohlhammer GmbH, Stuttgart
Gesamtherstellung: W. Kohlhammer GmbH, Stuttgart

Print:
ISBN 978-3-17-042128-8

E-Book-Formate:
pdf: ISBN 978-3-17-042129-5
epub: ISBN 978-3-17-042130-1

Für Josef Zierl (30. 10. 1957–5. 5. 2024)

In Trauer und Dankbarkeit

Geleitwort

Dieser Buchreihe gebe ich sehr gerne ein Geleitwort mit auf den Weg. Dies geschieht heute an einer Station in der psychotherapeutischen Landschaft, von der aus man fast verwundert zurückblickt auf die Zeit, in der sich Angehörige verschiedener »Schulen« vehement darüber stritten, wer erfolgreicher ist, wer die besseren Konzepte hat, wer zum Mainstream gehört, wer nicht, und – wer, gerade weil er nicht dazu gehört, deshalb vielleicht sogar ganz besonders bedeutsam ist. Unterdessen wissen wir aufgrund von Studien zur Psychotherapie, dass die allgemeinen Faktoren, wie zum Beispiel die therapeutische Beziehungsgestaltung, verbunden mit der Erwartung auf Besserung, wie die Ressourcen der Patienten, wie das Umfeld, in dem die einzelnen leben und in dem sie behandelt werden, eine größere Rolle spielen als die verschiedenen Behandlungstechniken. Zudem – und das zeigen auch Forschungen (PAPs-Studie, Praxisstudie Ambulante Psychotherapie Schweiz) – werden heute von den Therapeutinnen und Therapeuten neben den schulspezifischen viele allgemeine Interventionstechniken angewandt, vor allem aber auch viele aus jeweils anderen Schulen als denen, in denen sie primär ausgebildet sind.

Gerade aber, weil wir unterdessen so viel gemeinsam haben und unbefangen auch Interventionstechniken von anderen Schulen übernehmen, wächst auch das Interesse daran, wie es denn um die Konzepte der »jeweils Anderen« wirklich bestellt ist. Als Jungianerin bemerke ich immer wieder, dass Theorien von Jung als »Steinbruch« benutzt werden, dessen Steine dann in einer neuen Bauweise, beziehungsweise in einer neuen »Fassung« erscheinen, ohne dass auf Jung hingewiesen wird. Das geschah mit der Jung'schen Traumdeutung, von der viele Aspekte überall dort übernommen werden, wo heute mit Träumen gearbeitet wird. Dass C. G. Jung zwar auch nicht der erste war, der mit Imaginationen intensiv gearbeitet hat,

Imagination aber zentral ist in der Jung'schen Theorie, wurde gelegentlich »vergessen«; die Schematheorie kann ihre Nähe zur Jung'schen Komplextheorie, die 100 Jahre früher entstanden ist, gewiss nicht verbergen. Vieles mag geschehen, weil die ursprünglichen Konzepte von Jung zu wenig bekannt sind. Deshalb begrüße ich die Idee von Ralf Vogel, eine Buchreihe bei Kohlhammer herauszugeben, bei der grundsätzliche Konzepte von Jung – in ihrer Entwicklung – beschrieben und ausformuliert werden, wie sie heute sich darstellen, mit Blick auf die Verbindung von Theorie und praktischer Arbeit. Ich bin sicher, dass von der Jung'schen Theorie mit der großen Bedeutung, die Bilder und das Bildhafte in ihr haben, auch auf Kolleginnen und Kollegen anderer Ausrichtungen viel Anregung ausgehen kann.

Verena Kast

Inhalt

Geleitwort 7

Vorwort 13

1 **Fortschritt in der Spiritualität?** 17
  1.1 Archetyp des Geistes 21

2 **Ist Gott in der Seele? Oder: Zwischen Verinwendigung und Verseelung** 28
  2.1 Gott im Vokativ (Zweite-Person-Perspektive) 28
  2.2 Verinwendigung 31
  2.3 Verseelung 33
     2.3.1 Vergegnung? 37

3 **Die psychologische Differenz und die religiöse/spirituelle Einstellung** 38
  3.1 Mystische Anthropologie 41

4 **»Gerufen oder nicht gerufen ...«: Religionskritik** 45
  4.1 Vocatus: Die Vormoderne 46
  4.2 Non vocatus: Die (klassische) Moderne 47
  4.3 Vocatae/i/a: Postmoderne (Spiritual Turn) 49
  4.4 »Gerufen«: Unbewusstwerden des Wortes »Gott« durch Lexikalisierung 50
  4.5 »Oh mein Gott!«: Unbewusstwerden des Wortes »Gott« durch Interjektionalisierung 55
  4.6 Wofür steht Bions »O«? 62

5	**Hiobsbotschaften und göttliches Drama**	**67**
5.1	Das biblische Hiobbuch	67
5.2	Vom biblischen Hiobbuch zu Jungs »Antwort auf Hiob«	69
5.3	Was hat das mit Maria zu tun?	76
6	**Gott oder Gottesbild?**	**79**
6.1	Legt Jung sich auf eine Position fest?	79
6.2	Gottes Exkrement: Die Gnade des Münster-Erlebnisses	82
6.3	»Tragische Gegensätzlichkeit« in Gott und im Gottesbild	84
6.4	Das Gottesbild verstehen: Kategorien	87
	6.4.1 Normativität	87
	6.4.2 Wertigkeit	91
	6.4.3 Perspektive	94
	6.4.4 Gender	98
	6.4.5 Bewusstheit	100
	6.4.6 Pathologie	102
	6.4.7 X-Theismus	103
6.5	Bilderverbot und Imagination	105
	6.5.1 Zwischen Einbildung und Entbildung (Meister Eckhart)	107
6.6	Gottesbild und Bindungsstil	110
	6.6.1 Sicher-autonomer Bindungsstil	114
	6.6.2 Unsicher-distanzierter Bindungsstil	116
	6.6.3 Desorganisierter Bindungsstil (unverarbeitetes Trauma)	120
	6.6.4 Unsicher-verstrickter Bindungsstil	123
6.7	Zusammenfassung: Gottesbilder und Bindung	129
7	**Yoga des Westens: Die Ignatianischen Exerzitien**	**131**
7.1	»Jesu*«: Vom Kindheitsschreck zur ETH-Vorlesung	131
7.2	Die Spirituellen Exerzitien des Ignatius von Loyola	133

7.3	Jungs ETH-Vorlesungen über die Exerzitien (1939/1940)	137
	7.3.1 Schlange und Kreuz	139
	7.3.2 Leiden Gottes und Leiden an Gott	142
8	**Wieder im Club: Kein Dialog zwischen Buber und Jung, aber immerhin ein Epilog**	**148**
Literatur		**161**
Stichwortverzeichnis		**173**

Vorwort

Übrigens suchen Sie das rätselhafte Wort »Vocatus atque non vocatus deus aderit« vergebens in Delphi: es ist in Stein gemeißelt über der Eingangstür meines Hauses in Küsnacht bei Zürich. Außerdem findet es sich in der Sammlung von »Adagia« des Erasmus (16. Jahrh. herausg.). Es ist aber ein delphisches Orakel und besagt: ja, der Gott wird zur Stelle sein, aber in welcher Gestalt und in welcher Absicht? Ich setzte die Inschrift, um meine Patienten und mich daran zu erinnern: »*Timor dei initium sapientiae*«. Hier beginnt ein anderer und nicht weniger bedeutender Weg, nicht der Zugang zum »Christentum«, sondern zu Gott selbst, und das scheint die letzte Frage zu sein (Jung, 1956–1961/1973. Briefe III, S. 359 f.).

»Gerufen oder nicht gerufen: Gott wird da sein«, schreibt C. G. Jung über den Türsturz seines Wohnhauses und auf seinen Grabstein. Dieser Satz soll auch über dem vorliegenden Buch stehen, um damit anzudeuten: Religiöse oder spirituelle Themen können in psychotherapeutischen Behandlungen unerwähnt bleiben, sind aber dennoch immer in der einen oder anderen Weise präsent.

Religion kann mit Cicero von lat. *relégere* (wieder lesen, sorgfältig beachten) hergeleitet werden und meint dann die Zugehörigkeit zu einer Religionsgemeinschaft, die Beachtung ihrer schriftlichen oder mündlichen Überlieferungen und ihrer Rituale. In dieser institutionellen Bedeutung wird »Religion« von vielen verstanden und dann entweder als eigene Heimat wahrgenommen oder aber als Bedrohung der eigenen Autonomie.

Der Heimataspekt kommt in der anderen, auf Laktanz zurückgehenden Etymologie noch stärker zum Tragen: *religare* (rückbinden). Bindungstheoretisch (nach: Bowlby, 1970/1975) betrachtet, geht es um das Erfahren bedeutsamer Beziehungen, in denen Beheimatung und Sicherheit erlebt werden. Die Beziehung zu Gott, Engeln, Maria, Buddha, Mohammed oder zu einer anderen transzendenten Bindungsperson kann im Einklang mit

Erfahrungen sicherer Bindung oder aber als Ersatz für das Fehlen derartiger Erfahrungen erlebt werden (Kirkpatrick, 1998).

In den Gesundheitswissenschaften wird inzwischen häufiger von »Spiritualität« als von »Religion« gesprochen oder es wird der Doppelbegriff »Religion/Spiritualität« (R/S) verwendet, um unterschiedliche r/s Lebensentwürfe zu erfassen und niemanden auszuschließen, sodass z. B. auch atheistische und agnostische Spiritualitäten berücksichtigt werden.

Die Begriffsgeschichte von »Spiritualität« ist verwickelt und wegen vielfältiger sprachlicher und weltanschaulicher Prägungen im Laufe der Jahrhunderte kaum in einer allgemeingültigen Definition zu fassen. Peng-Keller (2014) stellt fest,

> [...] dass die Genealogie von spirituality über verschiedene Stränge zurück zu einer mystischen Bewegung führt, die im 17. Jahrhundert als »nouvelle spiritualité« beschrieben wurde. In der vielstimmigen Rede von spirituality klingt ein mystischer Ton an, der über die französische Mystik zurück zur frühchristlichen Geisterfahrung führt. Für das 20. Jahrhundert sind sowohl verschieden parallel laufende Entwicklungslinien zu beobachten als auch komplexe Amalgamierungen, in denen die christliche Prägung oft verblasste und durch hinduistische, buddhistische oder theosophische Bezüge ersetzt wurde (Peng-Keller, 2014, S. 45).

Im klinischen Kontext, in der Auseinandersetzung mit Leid, Krankheit, Behinderung und Sterben, beobachtet Peng-Keller »emergierende Spiritualitäten«:

> [...] ein plötzliches Auftauchen von spirituellen Fragen und Wünschen, das mitunter dazu führt, dass Menschen ohne explizite spirituelle Praxis verschüttete Erfahrungen wiederentdecken oder mit neuen Formen zu experimentieren beginnen. Eine solche keimhafte und sich noch suchende Spiritualität verdankt sich nicht selten Kontrast- und Umbrucherfahrungen wie sie jenen vertraut sind, die mit dem Widersinn von Krankheit und Tod konfrontiert und aus der Normalität des Lebens herausgerissen werden. Vor diesem Hintergrund kann Spiritualität verstanden werden als verleibliche Antwort auf die Anfechtung menschlichen Sinnverlangens, die sich in durch bestimmte Traditionen geformten Werthorizonten vollzieht. Spiritual Care ist dann entsprechend dazu zu umreißen als die Aufgabe, in klinischen Kontexten Räume zu schaffen, in denen solche Angefochtenheit und die durch sie hervorgerufene Suchbewegung zur Sprache kommen kann [...] (Peng-Keller, 2014, S. 46).

Vorwort

Im Folgenden soll nach der Bedeutung der Spiritualität für die Analytische Psychologie gefragt werden. Ein Ausgangspunkt ist die religionsphilosophische Kritik Martin Bubers am Psychologismus Jungs, an der »Verseelung« von Welt und Gott. Buber (1878–1965) und Jung (1875–1961) sind Zeitgenossen, die sich gegenseitig kritisieren, ohne jedoch wirklich miteinander im Gespräch zu sein. Aber die Fragen, die sie stellen, können uns heute *inspirieren*, d. h. in der *spirituellen Suche* orientieren. Welchen Beitrag leistet die Analytische Psychologie zum *Spiritual Turn* (Frick & Hamburger, 2014), der sich seit einigen Jahren in den Gesundheitsberufen und insbesondere in der Psychotherapie beobachten lässt? Was können heutige Menschen von Jungs spiritueller Biografie lernen, von seiner Auseinandersetzung mit der christlichen Religion und der persönlichen Gleichung seiner Gottsuche?

Jungs konfliktreiches Verhältnis zum christlichen Glauben seines Elternhauses ist nur ein Beispiel für die spirituelle Suche in Psychotherapie und Psychoanalyse. Die Frage der Spiritualität oder, wie man zu Zeiten Jungs und Freuds sagte, der Geistigkeit, ist ein Thema, das die Psychoanalyse insgesamt betrifft.

Ich freue mich über Ralf T. Vogels Anregung zum Entstehen dieses Bandes als Herausgeber der Reihe »Analytische Psychologie C. G. Jungs in der Psychotherapie« sowie über das sorgfältige und einfühlsame Lektorieren durch Stefanie Reutter und nicht zuletzt über Katharina Zimmerbauers theologisches Mitdenken und Mitfühlen.

München, im September 2024   Eckhard Frick

1 Fortschritt in der Spiritualität?

Am Dienstag, dem 2. August 1938 um 9 Uhr hält Freud während des 15. Kongresses der Internationalen Psychoanalytischen Vereinigung in Paris seinen letzten Vortrag, nicht persönlich, sondern »in absentia«, vertreten durch seine Tochter Anna. Der Titel lautet: Der Fortschritt in der Geistigkeit (publiziert in: GW 16). Zentrales Merkmal der fortschreitenden Geistigkeit ist das im Judentum realisierte Bilderverbot:

> Unter den Vorschriften der Mosesreligion findet sich eine, die bedeutungsvoller ist, als man zunächst erkennt. Es ist das Verbot, sich ein Bild von Gott zu machen, also der Zwang, einen Gott zu verehren, den man nicht sehen kann. Wir vermuten, daß Moses in diesem Punkt die Strenge der Atonreligion überboten hat; vielleicht wollte er nur konsequent sein, sein Gott hatte dann weder einen Namen noch ein Angesicht, vielleicht war es eine neue Vorkehrung gegen magische Missbräuche. Aber wenn man dieses Verbot annahm, musste es eine tiefgreifende Wirkung ausüben. Denn es bedeutete eine Zurücksetzung der sinnlichen Wahrnehmung gegen eine abstrakt zu nennende Vorstellung, einen Triumph der Geistigkeit über die Sinnlichkeit, strenggenommen einen Triebverzicht mit seinen psychologisch notwendigen Folgen (GW 16, S. 220).

Die englische Übersetzung mit »spirituality« hat den Vorteil, die emotionalen Aspekte von »Geistigkeit« hervorzuheben. Indem die Standard-Edition mit der Übersetzung »intellectuality« gerade nicht von »spirituality« spricht, umgehe sie »jeden Anklang an das Jung'sche Sprachgewaber« und unterstreiche »den hohen Wert, den Freud dem Intellekt zuerkannte« (Whitebook, 2016, S. 199). Nach Whitebook stellt uns das mehrdeutige Konzept der Geistigkeit vor die Aufgabe, »die zweigliedrige Opposition zwischen Intellektualität und Sinnlichkeit auf einem höheren Grad der Integration dialektisch aufzuheben bzw. zu sublimieren«.

1 Fortschritt in der Spiritualität?

Auch Assmann (2014) hält »intellectuality« für die angemessene Übersetzung von Freuds aufklärerischer »Geistigkeit«. Allerdings handle es sich dabei – so sieht es auch Freud selbst – um ein religionsgeschichtliches Oberflächenphänomen; die Unterscheidung zwischen Intellektualität und Spiritualität lasse sich aus der Innenperspektive der Religion wie auch der zahlreichen philosophischen und mystischen Strömungen (inklusive der jüdischen Kabbala) nicht aufrechterhalten. Außerdem verweist Assmann auf spiritualisierende Tendenzen im Christentum, die durchaus im Einklang mit der von Freud intendierten Vergeistigung und Bilderkritik stehen.

Wie steht es um den Spiritualitätsbegriff des »Erz-Apostaten« Jung und um sein »Sprachgewaber« (Whitebook, 2016)? Auch Jung gebraucht im Deutschen das Wort »Spiritualität« nicht, wohl aber in auf Englisch gehaltenen Seminaren über Analytische Psychologie 1925 (McGuire, 1925/2012; McGuire, 1925/1995). In den Seminaren über die Spirituellen Exerzitien des Ignatius von Loyola 1939/1940 (Liebscher, 1939/1940 [2023]; Jung, 1940/2008) verwendet Jung den lat. Begriff »exercitia spiritualia«.

In der Autobiografie verwendet Jung den Terminus »Geistigkeit«:

> Vor allem schien mir Freuds Einstellung zum Geist in hohem Maße fragwürdig. Wo immer bei einem Menschen oder in einem Kunstwerk der Ausdruck einer Geistigkeit zutage trat, verdächtigte er sie und ließ »verdrängte Sexualität« durchblicken (Jaffé, 1961/1972, S. 154).

Die englischsprachige Version dieses Textes (Jaffé, 1961/1989, S. 186) übersetzt »Geist« mit »spirit«; »Geistigkeit« mit »spirituality«, fügt aber in Klammern hinzu: »in the intellectual, not the supernatural sense«. Auch in den ebenfalls in der Autobiografie abgedruckten Septem Sermones ad Mortuos taucht das Wort »Geistigkeit« im Zusammenhang mit der Sexualität auf, z. B.:

> Die welt der götter verdeutlicht sich in der geistigkeit (engl.: spirituality) und in der geschlechtlichkeit (engl.: sexuality). Die himmlischen erscheinen in der geistigkeit, die erdhaften in der geschlechtlichkeit (Sermo V, Jaffé, 1961/1972, S. 395).

Das Stichwort »Spiritualität« fehlt im Gesamtregister der deutschsprachigen Gesammelten Werke. Man darf annehmen, dass Jung durchwegs im Englischen »spirituality« für »Geistigkeit« verwendete. Was wir heute

»Spiritualität« nennen, umschrieb er als überkonfessionelle »religiöse Einstellung«, wie in seinem Vortrag vor der Elsässischen Pastoralkonferenz (Mai 1932):

> Unter all meinen Patienten jenseits der Lebensmitte, das heißt jenseits 35, ist nicht ein Einziger, dessen endgültiges Problem nicht das der religiösen Einstellung wäre. Ja, jeder krankt in letzter Linie daran, daß er das verloren hat, was lebendige Religionen ihren Gläubigen zu allen Zeiten gegeben haben, und keiner ist wirklich geheilt, der seine religiöse Einstellung nicht wieder erreicht, was mit Konfession oder Zugehörigkeit zu einer Kirche natürlich nichts zu tun hat (GW 11, § 509).

Während Jung die emotionale Ergriffenheit durch ein Symbol als »religiös« bezeichnet, verwenden wir dafür heute das Wort »spirituell« – und zwar auch im Hinblick auf mögliche Gefahren: Die spirituelle Erfahrung im Individuationsprozess kann zu nicht mehr hinterfragbaren dogmatischen Überzeugungen und damit für sich selbst und für andere zur Unfreiheit führen (Kast, 2008).

Das Fremdwort »Spiritualität« ist im deutschen Sprachgebrauch auch deshalb etwas sperrig, weil es Assoziationen zu ähnlichen Worten wie Spiritus, Spirituosen, Spiritismus weckt. Andererseits verdienen diese Assoziationen, was Jung betrifft, durchaus Beachtung. Aus seiner »Persönlichkeit Nr. 1«, dem Schuljungen, entsprechend der väterlichen, rational-diskursiven »Gelehrtenlinie«, und der »Persönlichkeit Nr. 2«, »der Gott als ein heimliches, persönliches und zugleich überpersönliches Geheimnis kannte«, entsprechend der mütterlich-intuiven »Seherlinie«, entwickelte Jung zwei nebeneinander existierende Stile der Wirklichkeitserfassung (Jaffé, 1961/1972; Lesmeister, 2002). Zu erinnern ist auch an Jungs Brief vom 30.1.1961, wo er schreibt:

> Das Erlebnis der Ganzheit ist nur dann echt und legitim, wenn es einem in Wirklichkeit widerfährt, und es kann einem nur widerfahren, wenn man den Weg zu vertiefter Einsicht geht. Es kann ein Akt der Gnade sein, der zu jenem Ziel führt, oder ein persönlicher und aufrichtiger Kontakt mit Freunden oder eine hohe Bildung des Geistes, die über die Grenzen des reinen Rationalismus hinausreicht. […] Sehen Sie, auf lateinisch heißt Alkohol »spiritus«, und man braucht dasselbe Wort für die höchste religiöse Erfahrung wie für das schädliche Gift. Die hilfreiche Formel lautet darum: spiritus contra spiritum (an William Griffith Wilson).

1 Fortschritt in der Spiritualität?

Mit Lesmeister (2002) können wir nun fragen, in welcher Sprache und in welchem Stil der Wirklichkeitserfassung Jung den spirituellen Bereich konzipiert. Jung versuchte zeitlebens, die spiritistische Familienkultur und seine Persönlichkeit Nr. 2 einerseits und die rational-diskursive Wissenschaftlichkeit und seine Persönlichkeit Nr. 1 andererseits zusammenzubringen, so schon in seiner Dissertation über okkulte Phänomene (GW 1). Im Gegensatz zu der beschwörenden Warnung Freuds (Jaffé, 1961/1972, S. 155) wollte er sich mit der »schwarzen Schlammflut des Okkultismus« beschäftigen. Mehr noch: Für Jung geht die »Wirklichkeit des Psychischen« auf die Evidenz der spiritistischen Erfahrungsinhalte zurück, zu denen er trotz seiner Sozialisation als medizinisch-empirischer Forscher immer wieder zurückkehrt (Lesmeister, 2002, S. 179).

Fassen wir unsere Überlegungen zum Fortschritt in der Spiritualität zusammen: Der heute gängige Begriff »Spiritualität« ist weder Freud noch Jung gewärtig. Beide kennen den deutschsprachigen Begriff »Geistigkeit«, mit dem sie ein Entwicklungspotenzial verbinden, in kollektiver Hinsicht für den Kulturfortschritt und in individueller Hinsicht für die Individuation der einzelnen Person. Auch das Fremdwort »Spiritualität« wird heute meist in dieser entwicklungsfreundlichen, positiv wertenden (meliorativen) Weise als »good religion« verwendet. Die damit einhergehende semantische Normativität sollte nicht dazu verleiten, hinter die Erkenntnisse der klassischen Religionskritik und Religionspsychopathologie zurückzufallen und blind oder unkritisch gegenüber »negativen« Auswirkungen von Spiritualität zu werden. Wenn aber die Gegensatzspannung zwischen Ressource und Gefahr reflektiert wird, dann ist es theoretisch und therapeutisch sinnvoll, der Spiritualität als psychodynamischem Terminus eine Bedeutung für die kollektive und individuelle Entwicklung beizumessen. Deshalb fragt das vorliegende Buch, wie die spirituelle Suche heutiger Menschen von der Analytischen Psychologie verstanden und in therapeutischen Kontexten begleitet wird.

1.1 Archetyp des Geistes

Der Germanist Michael Neumann (2013, S. 28) nennt die Archetypenlehre das »wohl umfangreichste und sicher transdisziplinär einflussreichste Unternehmen zur Deutung narrativer Universalien«. Der Archetyp des Geistes löst sich als verborgener Sinn aus dem chaotischen Leben (S. 33). Jungs Auffassung des autonomen Geistes (GW 8, § 661) als eines bipolaren Archetyps ist zweifellos sein wichtigster Beitrag zur spirituellen Suche heutiger Menschen und zur psychoanalytischen Perspektive auf die Spiritualität. Jung gebraucht das Wort »spirituality« in seiner englischsprachigen Nietzsche-Vorlesung, wenn er von der Individuation spricht:

> Therefore, when you study symbols of individuation, you always find that no individuation can take place – I mean symbolically – without the animal, a very dark animal, coming up from primordial slime, enters the region of the spirit; that one black spot, which is the earth, is absolutely indispensable on the bright shield of spirituality (Jarrett, 2020, S. 47; 23. Mai 1934).

Wir brauchen diesen *Black Spot*, dieses irdische, animalische Feld, um das helle Feld der Spiritualität zu betreten. Wir können der Polarität zwischen der hellen, himmlischen, engelgleichen Spiritualität und deren dunkler, animalischer und irdischer Schattenseite letztlich nicht ausweichen. Der heute gängige Spiritualitätsbegriff ist meliorativ, positiv-wertend, bisweilen sogar schwärmerisch und naiv (Peng-Keller, 2024; Utsch, 2024). Im Gegensatz zu dieser evaluativen Vorentscheidung ist der Geist für Jung archetypisch-bipolar, hell *und* dunkel. Für Spiritualität braucht Jung das deutsche Wort Geistigkeit, abgeleitet von »Geist«, das er (wie lat. *spiritus* und gr. *pneûma*) mit Luft und Atem in Verbindung bringt, aber auch mit dem eruptiven, wie ein Geysir hervorbrechenden »Geist der Tiefe« (vgl. schweizerdeutsch *»s'isch zum aufgaisten«*: in einen schwer erträglichen oder unerträglichen Zustand kommen, Jung, 1939/1990, S. 159; Jung, 2009).

> In der folgenden Nacht war die Luft erfüllt von vielen Stimmen. Eine laute Stimme rief: »Ich falle«. Andere riefen verwirrt und erregt dazwischen: »Wohin? Was willst du?« Ich soll mich diesem Getümmel anvertrauen? Mir schaudert. Es ist eine grausige Tiefe. Du willst, dass ich mich dem Zufall meiner selbst überlasse, dem Wahnsinn der eigenen Dunkelheit? Wohin? Wohin? Du fällst, ich will mit dir fallen, wer du auch immer seiest. Da öffnete der Geist der Tiefe meine

1 Fortschritt in der Spiritualität?

Augen, und ich erblickte die inneren Dinge, die Welt meiner Seele, die vielgestaltige und wandelbare (Jung, 2009, S. 237).

In Nietzsches »Zarathustra« als einer der Gestalten des Alten Weisen sieht Jung eine Manifestation des Geistes und in Nietzsche selbst einen vom Geist ergriffenen Menschen, und zwar von den hellen und dunklen Seiten des Geistes (Gitz-Johansen, 2020). Jung zufolge ist Nietzsche mit Zarathustra, mit dem Alten Weisen identifiziert, ergriffen, besessen von ihm. Jung versteht den Geist als Archetypus, ein die menschliche Urerfahrung prägendes kollektives Muster. Wie der späte Jung sagt (GW 8, § 589), sind die Archetypen unanschaulich, wie das in der Mutterlauge gelöste Salz. Wenn die Mutterlauge verdampft, fällt das Salz aus, die Kristalle werden sichtbar. Dieses Kristallisieren der Archetypen nennt Jung die Konstellation eines Archetyps. Der Archetyp des Geistes ergreift uns. Von dem Religionsphänomenologen Rudolf Otto übernimmt Jung den numinosen, erhabenen, aber auch furchtgebietenden Charakter des Archetypus. Jung spricht mit Otto vom *Mysterium tremendum et fascinosum*, vom furchterregenden und faszinierenden Geheimnis. So zittert in Exodus 20 das Volk Israel vor Todesangst, möchte sich dem erscheinenden Gott nicht zu sehr nähern, bleibt vor der Wolke zurück, wird aber doch angezogen von dieser Erscheinung, von dieser Theophanie. Der in der Wolke verborgene Gott ist weder sichtbar noch sagbar. Es ist jedoch trotz Angst und Schauder möglich, sich der dunklen Gnade des Geistes anzuvertrauen:

> Die Gnade, die mir geschah, gab mir Gnade, Hoffnung, Wagemut genug, dem Geiste der Tiefe nicht weiter zu widerstreben, sondern seine Worte zu reden. Bevor ich mich aber aufraffen konnte, es wirklich zu tun, bedurfte ich eines sichtbaren Zeichens, das mir zeigen sollte, dass der Geist der Tiefe in mir zugleich auch der Herr der Tiefe des Weltgeschehens ist (Jung, 2009, S. 230).

Der Archetyp des Geistes manifestiert sich in dem oder der Alten Weisen, in den Märchen, in der Bibel und in anderen religiösen Überlieferungen der Menschheit. Aber auch in einer Yoga-Lehrerin, in einem Priester, in einer alten Ärztin oder Psychoanalytikerin wird der Archetyp des Geistes erfahrbar, vor allem auch in der Ausstrahlung dieser Personen, also in Interaktionen, sowohl in der Zweierbeziehung als auch in einer Gruppe. Dies kann in einem breiten Spektrum zwischen Begeisterung und Fanatismus changieren. Der Alte Weise kann mit seinem Charisma die Welt verändern, durch seine Ausstrahlung mit der Menge interagieren – zum Guten und zum Schlechten.

> Mir scheint – offen gestanden –, als ob die vergangenen Zeiten nicht übertrieben, der Geist seine Dämonie nicht abgestreift, und die Menschen vermöge ihrer wissenschaftlichen und technischen Entwicklung sich der Gefahr der Besessenheit in zunehmendem Maße ausgeliefert hätten. Wohl ist der Archetypus des Geistes als böser sowohl wie guter Wirkung fähig charakterisiert, aber es hängt an der freien, das heißt bewußten Entscheidung des Menschen, ob nicht auch das Gute sich noch ins Satanische verkehren soll. Seine schlimmste Sünde ist das Unbewußtsein, aber ihr frönen mit größter Andacht sogar die, welche den Menschen als Lehrer und Vorbild dienen sollten (GW 9/1, § 455).

Der Archetyp des Geistes kann gute, konstruktive oder schlechte, destruktiv-dämonische Wirkungen entfalten. Es hängt an der freien, das heißt bewussten Entscheidung des Menschen, ob nicht auch das Gute sich noch ins Satanische verkehren soll. Die Sünde des Unbewusstseins betrifft v. a. die Menschen, die anderen als Lehrer und Vorbild dienen sollten, die aber statt dessen zu Gurus oder Pseudoschamanen werden. Der Geist ist die wesentliche Komponente aller Archetypen (GW 8, § 420). Der Archetyp des Geistes ist der Archetyp des Sinnes. Die Qualität des Geistes kann gut oder böse sein. Unterscheidung der Geister heißt, Irrationalität überwinden, aber auch intellektuelle Überheblichkeit, die meint, alles Dämonische und alles Destruktive entweder spirituellen früheren Zeiten, anderen Menschen oder anderen Gruppen zusprechen zu wollen. Wohl habe das Christentum den Weg für die Unterscheidung der Geister geöffnet, aber es sei »nicht tief genug unter die Oberfläche gedrungen« (GW 9/1, § 455).

C. G. Jung stammt ebenso wie Nietzsche aus einem evangelischen Pfarrhaus. Er bezweifelt, dass der christliche Zeitgeist die Bipolarität des Geistes erfasst hat. Aus der Autobiografie wissen wir, dass Jung schon als Kind eine tiefe persönliche Erfahrung von der Ergriffenheit durch den Archetyp des Geistes hatte. Die Bekanntschaft mit der erfahrungsarmen Religiosität und Kirchlichkeit seines Vaters macht seine Religionskritik, aber auch sein Mitleiden mit dem Vater und seine Fähigkeit aus, zum Psychotherapeuten des Christentums (Stein, 1996) zu werden. Sein Vater bereitet ihn auf die Konfirmation vor, reicht ihm das Abendmahl, »konfirmiert« ihn. Im Alter erinnert er sich an diesen ernüchternden Augenblick seines Lebens:

1 Fortschritt in der Spiritualität?

> Es war aber nichts geschehen. Ich wußte, daß Gott mir unerhörte Dinge antun konnte, Dinge von Feuer und von überirdischem Licht, aber diese Feier enthielt, für mich wenigstens, keine Spur von Gott. Es war zwar die Rede von Ihm, aber es waren nur Wörter. Auch bei den anderen hatte ich nichts von fassungsloser Verzweiflung, von übermächtiger Ergriffenheit und strömender Gnade, die für mich das Wesen Gottes ausmachten, wahrgenommen. Ich hatte nichts von »communio« bemerkt, nichts von Vereinigung, oder Einswerden (Jaffé, 1961/1972, S. 60).

Der späte Jung befasst sich mit dem Wandlungssymbol in der Messe (Odenthal, 1999; ausführlich dazu: Schnocks, 2024, Kap. 3.3). Die Eucharistie bringt zusammen (*sým-bolon*), was Jung als Konfirmand schmerzlich vermisst hatte: Die Ergriffenheit durch den Geist-Archetyp und die Communio in der Feier der Gestalten Brot und Wein:

> Die Wandlung muß ein Wunder sein, das der Mensch unter keinen Umständen verstehen kann. Es ist ein »mysterium« im Sinne eines δεικνύμενον [*deiknýmenon*] und δρώμενον [*drṓmenon*], eines vorgezeigten und gehandelten Geheimnisses. Der gewöhnliche Mensch ist sich dessen unbewußt, was ihn veranlassen könnte, ein Mysterium darzustellen. Er kann und tut es nur, wenn und solange er *vom Mysterium ergriffen* ist. Diese Ergriffenheit oder die als außerbewußt gefühlte oder angenommene Existenz eines Ergreifenden ist das Wunder par excellence (GW 11, § 379).

Welch ein Kontrast zur Erfahrung des Konfirmanden:

> Plötzlich kam die Reihe an mich. Ich aß das Brot; es schmeckte fad, wie erwartet. Der Wein, von dem ich nur den kleinsten Schluck nahm, war dünn und säuerlich, offenbar nicht vom bessern (Jaffé, 1961/1972, S. 59).

In seiner Arbeit über das Wandlungssymbol in der Messe kommt Jung auf die Gestalten von Brot und Wein zurück:

> Was nun die besondere Natur der Substanzen betrifft, so ist das Brot zweifellos ein Nahrungsmittel. Der Wein »stärkt« zwar, wie der Volksmund behauptet, aber in einem anderen Sinne als ein Nahrungsmittel. Er stimuliert und er »erfreut des Menschen Herz« vermöge einer gewissen volatilen Substanz, von jeher »Geist« genannt. Er ist deshalb, unähnlich dem harmlosen Wasser, ein »begeisterndes« Getränk, denn ein »Geist« oder »Gott« wohnt in ihm, der Rauschekstasen erzeugt. Das Weinwunder von Cana war zugleich das Wunder der Dionysostempel, und es hat einen tiefen Sinn, wenn auf dem Damaszener Abendmahlskelch Christus in den Weinranken thront wie ein Dionysos. Wie Brot das physische Existenzmittel, so stellt der Wein das geistige dar. Wenn daher Brot und Wein

geopfert werden, so bedeutet es eine Darbringung physischer sowohl wie geistiger Kulturleistung (GW 11, § 384).

Jung verknüpft an dieser Stelle – im Gegensatz zum fad schmeckenden Brot und zum dünnen Wein – den Archetyp des Geistes mit dem dionysischen Rausch. In der gegenwärtigen psychedelischen Renaissance wird häufig beides zusammen gesucht: die schnelle spirituelle Erfahrung und die Ekstase der Selbsterfahrung, der Entgrenzung (Osterhold & Fernandes-Osterhold, 2023). Ist die psychedelische Renaissance ein Krisenphänomen unserer geistlosen westlichen Kultur, die schnell und tief und preisgünstig etwas erleben will? Die sich einen »*entheogenic tourism*« leistet: Generating the God within – »durch psychedelische Drogen erschaffe ich mir den inneren Gott, vielleicht mit Hilfe selbsternannter Neoschamanen, die mich in diese dionysische Spiritualität einführen«? Osterhold und Fernandes-Osterhold (2023) beschreiben den psychedelischen Goldrausch, der sich auch pharmazeutisch-therapeutisch und damit ökonomisch nutzen lässt. Auch Jung geht in einem seiner letzten Briefe (30. Januar 1961) auf Ähnlichkeit und Unähnlichkeit zwischen pfingstlich-spiritueller Begeisterung als *sobria ebrietas*, der nüchternen Trunkenheit des Geistes, einerseits und dem Alkohol- oder Drogenrausch andererseits ein (vgl. »Andere aber spotteten: Sie sind vom süßen Wein betrunken«, Apg 2,13). Er schreibt am 30.1.1961 an Bill Wilson, einen der Mitbegründer der Anonymen Alkoholiker, dass die Alkoholsucht auf einer niedrigen Stufe dem geistigen Durst des Menschen nach Ganzheit entspreche, nach der Vereinigung mit Gott (Fußnote: »Wie der Hirsch lechzt nach frischem Wasser, so lechzt meine Seele, Gott, nach Dir« [Ps 42,1]). In diesem bereits zitierten Brief prägt er die »hilfreiche Formel« SPIRITUS CONTRA SPIRITUM. Jung zufolge konstelliert sich im Wandlungssymbol des Messopfers die Ich-Selbst-Achse:

> Niemand kann geben, was er nicht hat. Wer sich also opfern, d.h. seinen Anspruch drangeben kann, der muß diesen gehabt haben, mit anderen Worten, er muß sich des Anspruches bewußt gewesen sein. Dies setzt einen Akt der Selbsterkenntnis voraus, ohne welche man gerade solcher Ansprüche unbewußt bleibt. Daher geht dem Wandlungsritus in der Messe logischerweise das Sündenbekenntnis voraus. Durch die Selbstprüfung soll der mit jeder Gabe verbundene egoistische Anspruch bewußt werden, und dieser letztere soll bewußt »geopfert« werden, sonst ist die Gabe kein Opfer. Mit dem Opfer beweist man, daß man sich

1 Fortschritt in der Spiritualität?

hat, denn das Opfern ist kein Sich-Nehmenlassen, sondern eine bewußte und gewollte Abtretung, welche beweist, daß man über sich selber, d. h. über das Ich, verfügen kann. [...] (GW 11, § 390).

Der Terminus »Selbst« schien mir eine passende Bezeichnung zu sein für diesen unbewußten Hintergrund, dessen jeweiliger Exponent im Bewußtsein das Ich ist. Das Ich steht zum Selbst, wie das patiens zum agens, oder wie das Objekt zum Subjekt, weil die Bestimmungen, die vom Selbst ausgehen, umfänglich und daher dem Ich überlegen sind. Wie das Unbewußte, so ist das Selbst das a priori Vorhandene, aus dem das Ich hervorgeht. Es präformiert sozusagen das Ich. Nicht ich schaffe mich selbst, ich geschehe vielmehr mir selber. Diese Einsicht ist von prinzipieller Bedeutung für die Psychologie aller religiösen Phänomene, deshalb hat Ignatius von Loyola mit Recht sein »Homo creatus est« als »Fundamentum« den Exerzitien vorangestellt (GW 11, § 391).

Jung sieht den Individuationsprozess einerseits als »Synthese einer neuen Einheit, die zuvor aus zerstreuten Teilen bestand«, andererseits als das Offenbarwerden des Selbst, »das dem Ich präexistent, ja dessen Vater oder Schöpfer und dessen Ganzheit ist«. Wir sind also durch das Selbst »erschaffen«, aber das Selbst ist auch »unser Sohn durch das Bewußtmachen unbewußter Inhalte« (GW 11, § 400).

Der Individuationsprozess ist ein spiritueller, ein geistlicher Wandlungsprozess, wozu sowohl die Unterscheidung der Geister als auch das Ergriffensein vom Geist, »das Wissen des Herzens« (Dorst, 2023) gehören. Den Geist und die Spiritualität zu definieren, kann einerseits eine geistige Herausforderung sein, z. B. in Forschung und Reflexion (Frick & Maidl, 2019). Andererseits kann das Begreifenwollen auch zur Abwehr gegenüber dem Ergriffensein werden.

Das Ergriffensein kann zur »Besessenheit« werden, wenn es inflationär und unterscheidungslos wird. Jung greift ausdrücklich die traditionelle Redeweise über dämonische Besessenheit auf, um vor hybrider Scheinaufklärung zu warnen. Im Sprachgebrauch der drei ersten Evangelien des Neuen Testaments sind die Dämonen »Abergeister« (Stier, 1989), die die Menschen durch allerlei psychosomatische Gebrechen (z. B. Stummheit, Krampfanfälle, Selbstverletzung) unfrei machen, zugleich aber auch die spirituelle Macht des Exorzisten Jesus fürchten und sich ihm entgegenstellen. Auffälligerweise erkennen die Abergeister als erste die Göttlichkeit und Geistigkeit Jesu, die sie ihm ungefragt entgegenschreien.

1.1 Archetyp des Geistes

Giegerich (2017) hält »Geist« zwar für ein Alleinstellungsmerkmal von Jungs Denken, allerdings im objektiv-»noetischen« Sinn, nicht im spirituellen, subjektiven und religiösen. Entscheidend sei nicht das Fasziniert- oder Ergriffensein, sondern das intellektuelle Begreifen, die Geistigkeit der objektiven Psyche. Giegerichs spiritualitätskritische Perspektive lenkt die Aufmerksamkeit auf Gefahren, die dem spirituellen Ergriffensein innewohnen, auf die Konsumhaltung und die Verführbarkeit durch den psycho-spirituellen Markt (Finkelde, 2014), auf die Emotionalisierung und auf das Suchtpotenzial. Die traditionelle Antwort auf diese Gefährdungen heißt »Unterscheidung der Geister« (im Plural). Damit ist die Anerkennung verbunden, dass nicht jede Begeisterung hilfreich ist, v. a. nicht wenn sie einen inflationären Charakter hat und das vernünftige Denken behindert.

Bereits die Wüstenväter und Wüstenmütter der alten Kirche sahen den Menschen als Schauplatz des Dämonenkampfes, des spirituellen Ringens. Für die heutige Begleitung des spirituellen Copings ist es von großer Bedeutung, »spiritual struggle« nicht vorschnell als defizitär oder unreif abzutun, sondern in derartigen inneren Konflikten ein Entwicklungspotenzial anzuerkennen (Exline et al., 2024; Pargament, 2014). Jungs Sicht des autonomen Geistes als eines bipolaren Archetyps ist nicht nur realitätsnäher als eine »positive Definition« der Spiritualität, sondern auch weiterführend in Psychotherapie und spiritueller Begleitung.

2 Ist Gott in der Seele? Oder: Zwischen Verinwendigung und Verseelung

2.1 Gott im Vokativ (Zweite-Person-Perspektive)

»Du bist mir innerlicher als mein Innerstes und höher als mein Höchstes« (*interior intimo meo et superior summo meo*): So spricht Augustinus Gott in seinen Bekenntnissen (III, 11) an. Es handelt sich also nicht um eine Rede *über* Gott in der Dritte-Person-Perspektive, sondern um ein Gespräch *mit* Gott/ein Gebet *zu* Gott in der Zweite-Person-Perspektive. Wenn in diesem Buch vom Vokativ gesprochen wird, so ist damit kein eigener Kasus gemeint, den es im Deutschen nicht gibt, sondern der mit »o(h)« oder auch mit dem Pronomen »Du« eingeleitete Anredenominativ. Das literarische und spirituelle Zeugnis des antiken Kirchenvaters Augustinus ist ein prominentes Beispiel für betende Menschen aller Zeiten. Aber auch Ausrufe wie »Oh Gott!« oder »Ach Gott!« in Gefahr oder Krankheit können als Stoßgebete oder verblasste Schwundformen von Gebeten verstanden werden (▶ Kap. 4). Thielicke (1962, S. 22) ist diesbezüglich allerdings skeptisch: Viele Angstgebete seien kein Sprechen mit Gott, sondern ein Sprechen mit der Gefahr. Im unwillkürlichen Ausruf »Mein Gott!« geschehe nicht in jedem Fall eine wirkliche Begegnung. Vielmehr könne das Gebet auch eine »trügerische Tempelkulisse« darstellen, »die wir um den Altar unserer eigenen Wünsche und Sorgen herumbauen.«

Die angemessene Form, das Wort »Gott« zu gebrauchen, ist die Anrede, nicht das Reden über Gott (Barth, 1961/1999, S. 49). Stoßgebete, alltägliche Interjektionen wie *Oh Gott!*, *oje!*, das aus dem Arabischen übernommene spanische *¡ojalá!* und der hebräische »Gott-Schrei« *jàh* (Rosenzweig,

2.1 Gott im Vokativ (Zweite-Person-Perspektive)

1929/2001) sind Spuren dieses vokativischen Sprachgebrauchs. In einem Brief diskutiert Jung den Unterschied zwischen der Erste- und der Zweite-Person-Perspektive:

> Wie kann sich ein Mensch von diesem Geschehen distanzieren? Er wäre ja dann ein Philosoph, der *über*, aber nicht mit Gott redet. Ersteres wäre leicht und gäbe dem Menschen falsche Sicherheit, letzteres ist schwer und darum äußerst unpopulär. Eben das war mein beklagtes Los, darum brauchte es schon eine energische Krankheit, meinen Widerstand zu brechen. Ich soll überall *drunter* und nicht *drüber* sein. Wie sähe Hiob aus, wenn er sich hätte distanzieren können? (Jung an Erich Neumann, 5. 1. 1952).

Wenn ich *über* jemanden (in der Dritte-Person-Perspektive) rede, dann verfüge ich gewissermaßen über ihn oder sie wie über eine Sache: Ich besitze die Person, habe sie unter Kontrolle oder möchte sie in meinen Besitz bringen. Ich will sie haben, indem ich sie an mich bringe oder auch nur fotografisch »festhalte«. Das Verfügenwollen in der Dritte-Person-Perspektive nennt Buber (1923/2019, S. 39) »Grundwort Ich-Es«.

Über Gott im Grundwort Ich-Es verfügen zu wollen, ist eine Gefahr unsicherer Gottesbindungen in ihren verschiedenen Spielarten. Die gespürte Abwesenheit Gottes muss überspielt werden, durch Ersatzkonstruktionen und zwanghafte Rituale oder durch den Versuch, mit Gott zu verhandeln, ihm Bedingungen zu stellen (▶ Kap. 6.6). Andererseits produziert die Abwesenheit Gottes nicht nur derartige verfügende Versicherungen. Gerade im naturwissenschaftlich-technisch geprägten Säkularismus der Moderne hatte das Nicht-Feststellen Gottes auch das Anerkennen seiner Nicht-Feststellbarkeit zur Folge. Die Abwesenheit Gottes kann dann zur Spur des unverfügbaren Anderen (Levinas, 1963/1983), zur Chiffre der Transzendenz (Jaspers, 1962/2016) und zum Ausgangspunkt eines tröstlichen Trauerprozesses (Certeau, 1986; Westerink, 2010) werden. Insofern ist die agnostische spirituelle Suche viel näher an der Mystik eines Meisters Eckhart als die religiöse Pseudosicherheit des Menschen, der in einer Grenzsituation auf Halt und Gehäuse zurückgreift, weil er die Existenzerhellung vermeidet (Jaspers, 1932).

Im Gegensatz zum Grundwort Ich-Es kann ich das »Grundwort Ich-Du« nur mit meinem ganzen Wesen sprechen: »Wer Du spricht, hat kein Etwas, hat nichts. Aber er steht in der Beziehung« (Buber, 1923/2019, S. 40). Es ist ein Charakteristikum der Moderne, keine prinzipielle Unverfügbarkeit der

2 Ist Gott in der Seele? Oder: Zwischen Verinwendigung und Verseelung

Dinge, der Personen, der Natur und Gottes zu akzeptieren, sich entweder als uneingeschränkt souverän Handelnde oder wehrlose Opfer zu erfahren. Dieser Unabhängigkeitsanspruch der Moderne ist allerdings in die Krise geraten und wird durch eine »spirituelle Abhängigkeitserklärung« abgelöst (Rosa, 2019). Auf diese Weise öffnet sich gerade durch die Moderne ein erkenntnistheoretisches Fenster, das den erwähnten Spur-, Chiffre- und Trauerprozess möglich macht.

Verfügen- und Kontrollierenwollen ist Reichtum – materielles oder auch nur erkenntnismäßiges Besitzenwollen. Umgekehrt sind Armut und Akzeptieren von Unverfügbarkeit (Rosa, 2018) nicht unbedingt mit der Abwesenheit von Besitz gegeben. Nichts zu haben oder pseudounabhängig alles wegzuschenken, kann mein Begehren und damit die Haltung des kontrollieren-wollenden Reichtums sogar noch steigern. Lange vor der Neuzeit hat die mittelalterliche Mystik eine Sensibilität und eine Kriteriologie für zwei Gefahren des spirituellen Weges entwickelt: 1. In der Dritte-Person-Perspektive kann ich versuchen, Gott durch irgendwelche Opfer oder Handlungen zu kontrollieren (»do ut des«: ich gebe, damit du gibst). 2. Auch in der Zweite-Person-Perspektive kann ich noch versuchen, einen gewissen Druck auf Gott auszuüben wie auf eine Autoritätsperson, von der ich durch Bitten und Betteln etwas erreichen will.

Meister Eckharts (* um 1260; † 1327/28) Gebet (Predigt 52 »Beati pauperes«, in: Largier & Quint, 1993a, S. 550–562, hier: 554) spricht Gott mit dem Begehren an, ihn nicht zu begehren, nicht über ihn zu verfügen, in diesem Sinn gott-los zu sein:

> Her umbe sô biten wir got, daz wir gotes ledic werden und daz wir nehmen die wârheit und gebrûchen der êwicliche, dâ die obersten engel und diu vliege und diu sêle glîch sint in dem, dâ ich stuont und wollte, daz ich was, und was, daz ich wollte. Also sprechen wir: sol der mensche arm sîn von willen, sô muoz er als lützel wellen und begern, als er wollte und begerte dô er niht enwas. Und in dirre wise ist der mensche arm, der niht enwil.[1]

---

1 Deswegen bitte ich Gott, losgelöst zu werden von Gott und die Wahrheit dort zu ergreifen und die Ewigkeit dort zu genießen, wo die obersten Engel und die Mücke und die Seele gleich sind worin ich stand und wollte, was ich war, und war, was ich wollte. Deshalb behaupte ich: Soll der Mensch arm sein an Willen, dann darf er so wenig wollen und verlangen, als er wollte und verlangte, als er nicht war. Und in diesem Sinne ist der Mensch arm, der nichts will.

Eckhart spricht hier *über* sein Gebet (in der Dritte-Person-Perspektive). Er erklärt, dass die Zweite-Person-Perspektive nur dann authentisch und »arm« ist, wenn sie ohne Willen und Begehren, also absichtslos ist. Die Armut, so Eckhart, kann in äußerlichen Akten bestehen (*ûzwendigiu armuot*) oder inwendig sein. Äußere Armut (Herschenken von Besitz, Verzicht auf bestimmte Fortbewegungsmittel oder Nahrungsbestandteile …) kann eine subtile Form des Reichtums, des Haben- und Kontrollierenwollens sein. Deshalb sagt Eckhart: Wer beide, äußerliche und inwendige Armut, verwechselt, sei ein Esel.

Der Unterschied zwischen Dritte- und Zweite-Person-Perspektive hat auch eine große Bedeutung für die Religionskritik. In der Dritte-Person-Perspektive kann ich z. B. Gott nicht feststellen wie andere Objekte meines Nachdenkens, Messens, Objektivierens. Dies kann entweder zur Konsequenz haben, dass ich Gott leugne oder ihn als nicht untersuchbares Objekt betrachte. Oder ich kann religiöse/spirituelle Handlungen und Überzeugungen durch meine Messmethoden operationalisieren. In der Zweite-Person-Perspektive (Grundwort Ich-Du) wendet sich die Religionskritik jedoch dem religiösen oder spirituell suchenden Menschen zu, z. B. innerhalb einer Psychotherapie. Interessanterweise spricht ein wichtiges Zeugnis psychoanalytischer Religionskritik, die »Gottesvergiftung« (Moser, 1976), Gott an, in einem anklagenden Gebet. 40 Jahre später wundert sich Moser (2017) darüber, dass er als Psychoanalytiker »Zeuge vorsichtiger Gebete« wird, dass er das Beten seiner Patientinnen und Patienten therapeutisch ermutigt und wie ein spiritueller Lehrer unterstützt (▶ Kap. 6).

2.2 Verinwendigung

Interior intimo meo et superior summo meo: Augustinus formuliert hier eine doppelte Grenzüberschreitung, eine doppelte Transzendenz: Gott überschreitet die Grenzen des Hohen und des Inneren. Er ist einerseits höher als mein Höchstes – so haben religiöse Menschen schon immer Gott als Superlativ gesehen, als Steigerung und Überbietung hoher Kirchtürme und hoher Errungenschaften des menschlichen Geistes. Viel aufregender und »moderner« klingt andererseits die andere Transzendenz Gottes: innerlicher als mein Inneres, »näher als meine Halsschlagader« (Sure 50, 16). *Interior intimo meo et superior summo meo*: Wenn wir uns von beiden Transzendenzen inspirieren lassen, werden wir auf zwei Reduktionismen aufmerksam, die schon am Beginn unserer Reflexion lauern:

- Reduktionismus Nr. 1: der Psychologismus – die Gleichsetzung von Gott und Seele. Um diesen Reduktionismus-Vorwurf geht es im noch unvollendeten Buber-Jung-Dialog.
- Reduktionismus Nr. 2: Überbetonung des Anderssein Gottes, z. B. in der Tradition der dialektischen Theologie, um »Gott aus der Seele herauszubekommen« (Dourley, 2017).

Es ist darum psychologisch gänzlich undenkbar, daß Gott das »ganz andere« schlechthin sein sollte; denn ein »ganz anderes« ist niemals das der Seele innigst Vertraute, was Gott eben auch ist. Psychologisch richtig sind nur paradoxe bzw. antinome Aussagen über das Gottesbild (Jung, GW 12, § 11, FN 4 gegen Barths »dialektische Theologie«).

Kants »kopernikanische Wende« des Gottesgedankens besteht in der Wende von der Dritte-Person-Perspektive (die Metaphysik redet *über* Gott) zur Erste-Person-Perspektive des sprechenden und angesprochenen Subjekts. Nicht mehr das Subjekt richtet sich nach den Objekten, sondern die Objekte richten sich nach dem Subjekt und dessen Erkenntnismöglichkeiten. Gott ist für Kant kein mögliches Objekt, kein möglicher Gegenstand der Erkenntnis. Indem Kant sich gegen den logischen Gott der Gottesbeweise wendet und den Gottesgedanken aus dem existenziellen Zentrum des Subjekts heraus entwickelt, geht es ihm nicht um Reduktionismus, sondern um die »Verinwendigung der Gottesidee« (Müller, 2005, S. 147). Das Sollen des Subjekts, das moralische Gesetz braucht einen obersten Gesetzgeber, den Kant (Streit der Fakultäten A 70, AA VII 48) den die Schrift auslegenden »Gott in uns« nennt: »Menschliche Vernunft entdeckt das, was sie als Äußerstes zu fassen vermag, als das Innerste ihrer selbst [...]« (Müller, 2005, S. 148).

Kants »Gott in uns« mag zunächst wie eine narzisstische Größenfantasie eines Menschen klingen, der »sein eigener Gott« sein will. Aber auch Augustinus spricht bereits von »jenem inneren Lehrer« (*Ille intus magister*, vgl. Fuhrer, 2018), auf den wir uns bei der Schriftauslegung stützen. Und mit C. G. Jung können wir sagen, dass wir im Lauf der Individuation Projektionen auf äußere Ärzte, äußere faszinierende Frauen/Männer, äußere Lehrerinnen zurücknehmen, um der inneren Heilerin, der Anima und dem Animus sowie der Sophia in uns Raum zu geben.

Mit »*Noli foras ire, in te ipsum redi; in interiore homine habitat veritas*« (»Geh nicht nach außen, zu dir selbst kehre zurück; im inneren Menschen wohnt die Wahrheit«, De vera religione, 1986 [390], S. 72) rät Augustinus zur Verinwendigung, ebenso wie die rheinische Mystik (Heidrich & Scholtz, 2017). Es ist begrifflich nicht einfach, zwischen dem Inneren des Menschen (seiner »Seele«) und dem Außen (der »Welt«) zu differenzieren, da beide durch wechselseitige Projektionsvorgänge verknüpft sind. »Inwendig« wird im Deutschen seltener gebraucht als »auswendig«, was im Englischen »by heart« und im Französischen »par cœur« heißt. Was inwendig genannt wird und was auswendig, ist offenbar eine Frage der Perspektive.

Die Verinwendigung kann in einen Monismus münden, der sich auf das Subjekt beschränkt, von der Welt abstrahiert, oder in einen Psychologismus, sodass das Angesprochensein, das Angerufensein des Subjekts aus dem Blick gerät (▶ Kap. 4).

2.3 Verseelung

Martin Buber hält im Winter 1923 eine Reihe von Vorträgen in Zürich, u. a. auch am 1.12. auf Einladung Hans Trübs im Psychologischen Club, der sich nach dem Zerwürfnis mit Freud um Jung gebildet hatte. Buber erklärt am Anfang seines Vortrages, was er unter Verseelung versteht (Buber, 1923/2008, S. 29):

> Die Einbeziehung der Welt in die Seele, die Überführung der Welt in die Seele, aber nicht jede, sondern nur die, die so weit geschieht, daß das Wesentliche

> dadurch gestört wird. Dieses Wesentliche ist das Gegenüberstehen von Ich und Welt. Daß die Welt mir und ich ihr gegenüberstehen und daß zwischen uns das Wirkliche geschieht, dieses wesentliche Grundverhältnis, von dem unser Leben seinen Sinn bekommt, wird verletzt, wenn die Welt so weit in die Seele hineingezogen wird, daß ihre unpsychische Realität verwischt, daß dieses fundamentale Verhältnis des Ich zur Welt aufhört, ein Verhältnis von Ich zu Du werden zu können. (Dabei können wir für Welt auch setzen das Sein.) Nach dieser wesentlichen Störung wäre etwa die Welt nur etwas in mir, womit ich mich wohl befassen kann, wie mit andern Dingen in mir, zu dem ich aber nicht rechtmäßig, nicht in voller Wahrheit *Du* sagen kann.

Mit »Verseelung« meint Buber also, dass die Differenzierung zwischen Welt oder Sein auf der einen Seite und dem Ich auf der anderen missachtet wird, sodass kein Dialog, kein Du-Sagen mehr möglich ist. Für diese Verseelung verwendet Buber in eigener Weise auch den philosophischen Terminus »Psychologismus«, nicht im Sinne einer Weltanschauung, sondern einer »Tatsache, die fast in jedem Menschen heute besteht«. »Natürlich« sei hingegen die Betrachtung von Ich und Welt in unvermischter Relation, als zwei für sich stehende »Pfeiler«. Die Verdunklung dieser natürlichen Sichtweise sieht Buber in zwei Tendenzen:

1. Psychologismus: Der Menschengedanke zieht die Welt in die Seele hinein (kosmische Phänomene werden als psychische aufgefasst, sie sind eine Funktion, von der Seele des Menschen abhängig);
2. Kosmologismus: Die Seele wird in die Welt hineingezogen und erscheint als ihr Produkt, als etwas aus ihr Herausgewachsenes, aus ihr evolutionär verständlich (S. 30).

Buber diskutiert nun, was sowohl Psychologismus als auch Kosmologismus auf ihre jeweilige Weise richtig sehen und sucht nach einem vermittelnden, größeren Dritten:

> Die Anschauung, die die Einbezogenheit von Ich und Welt sieht als Ganzes und dieses Ganze einbettet in das wirkliche Sein (die Anschauung, die die Wirklichkeit so wahrhaft sieht, daß diese Einbezogenheit in ihr Platz hat), ist eine größere Auffassung von der Wirklichkeit als die, die wir gewohnt sind. Die Wirklichkeit, in der die Begriffe psychisch und kosmisch aufgehen, das ist die pneumatische Wirklichkeit (nach einem religiösen Wert) (S. 30 f.).

»*Pneûma*« ist das griech. Wort für die hebr. *ruah* und den lat. *spiritus*, wir können es in erster Näherung mit »Geist« übersetzen. Pneumatisch oder spirituell soll Buber zufolge eine Wirklichkeit sein, in welcher die Einseitigkeiten des Psychologismus und des Kosmologismus vermieden werden. Es ist eine dialogische Wirklichkeit, eine Wirklichkeit der Begegnung.

Buber wirft Jung schließlich vor, im Rahmen seines Psychologismus metaphysische Behauptungen aufzustellen, dies aber gleichzeitig zu bestreiten, also eine unzulässige, nicht als solche deklarierte Metaphysik zu betreiben, die sich als empirische Wissenschaft ausgibt. Beides zu vereinigen, sei aber unmöglich. Hat Jung das versucht? In seinem Panpsychismus ist die Seele in gewisser Weise alles, also ist auch die Naturwissenschaft Seele. Jung kontert jedoch:

> Noch ein Mißverständnis, das mir öfters begegnet ist, möchte ich erwähnen. Es betrifft die merkwürdige Annahme, daß, wenn die Projektionen »zurückgezogen« würden, vom Objekt nichts mehr übrigbleibe. Wenn ich meine Fehlurteile über einen Menschen korrigiere, so habe ich diesen damit nicht negiert und zum Verschwinden gebracht; im Gegenteil, ich sehe ihn jetzt annähernd richtig, was einer Beziehung nur förderlich sein kann. Wenn ich nun der Ansicht bin, daß alle Aussagen über Gott aus der Seele in erster Linie hervorgehen und daher vom metaphysischen Wesen unterschieden werden müssen, so ist damit weder Gott geleugnet noch der Mensch an Stelle Gottes gesetzt. Es ist mir, offen gestanden, unsympathisch, denken zu müssen, daß jedesmal, wenn ein Redner die Bibel zitiert oder seine sonstigen religiösen Meinungen ventiliert, der metaphysische Gott selber durch ihn rede. Der Glaube ist gewiß eine großartige Sache, wenn man ihn besitzt, und das Glaubenswissen ist vielleicht viel vollkommener, als was wir mit unserer mühseligen und kurzatmigen Empirie je zustande bringen (Jung, Antwort auf Martin Buber, GW 18/2, § 1511).

Das Zurücknehmen der Projektion ist ein häufiges Motiv bei Jung. Das fängt mit dem »Schatten« an, mit der Summe der eigenen ungelebten Möglichkeiten: Viele Möglichkeiten, gute und schlechte wähle ich nicht, sondern »wähle diese ab« durch Entscheidung. Diese nehme ich dann an anderen projektiv umso deutlicher wahr: als schlechte Eigenschaften, als von mir nicht realisierte Lebensträume usw. Später muss ich die Schattenprojektion zurücknehmen, um zu meinem eigenen Schatten zu kommen. Damit habe ich dann den anderen Menschen nicht geleugnet in seiner Existenz, auch nicht in seinen Schattenanteilen, aber ich komme eben zu mehr Wirklichkeit, wie es Buber ausdrücken würde.

2 Ist Gott in der Seele? Oder: Zwischen Verinwendigung und Verseelung

In seiner Entgegnung lässt Jung den Vorwurf, Metaphysik losgelöst von Empirie zu betreiben, nicht auf sich sitzen. Aber er verwendet Empirie nicht in einem empirizistischen, positivistischen Sinn: Für ihn ist die Empirie durchaus auch die spirituelle Erfahrung, da schließt er an den vorkritischen Kant an.

> Naturwissenschaftliche Begriffe und vollends medizinisch-psychologische gehen nicht aus sauberen und wohlanständigen Denkprinzipien hervor, sondern ergeben sich aus der täglichen Arbeit in den Niederungen des banalen menschlichen Daseins und seiner Qual. Empirische Begriffe sind irrationaler Natur. Der Philosoph, der sie so kritisiert, wie wenn sie philosophische Begriffe wären, führt einen Kampf gegen Windmühlen und gerät, wie BUBER mit dem Begriff des Selbst, in die größten Schwierigkeiten. Empirische Begriffe sind Namen für vorhandene Tatsachenkomplexe. Angesichts der furchtbaren Paradoxie unseres Daseins ist es begreiflich, wenn das Unbewußte ein entsprechend widerspruchsvolles Gottesbild enthält, welches mit der Schönheit, Erhabenheit und Reinheit des dogmatischen Gottesbegriffes nicht recht zusammenstimmen will. Der Gott Hiobs und des 89. Psalmes ist allerdings etwas wirklichkeitsnaher und paßt in seinem Verhältnis nicht übel zu dem Gottesbild des Unbewußten. [...] Ich bin essentiell Arzt, der es mit der Krankheit des Menschen und seiner Zeit zu tun hat und auf Heilmittel bedacht ist, die der Wirklichkeit des Leidens entsprechen. Es steht nicht nur BUBER, sondern jedem Theologen frei, in Umgehung meiner odiosen Psychologie meine Patienten mit dem »Wort« zu heilen. Ich heiße diesen Versuch mit offenen Armen willkommen. Da jedoch die geistliche cura animarum nicht immer den gewünschten Erfolg zeitigt, haben vorderhand die Ärzte zu tun, die eben nichts Besseres zur Hand haben als jene bescheidene »Gnosis«, welche die Empirie ihnen bietet. Oder weiß da einer meiner Kritiker besseren Rat? (Jung, Antwort auf Martin Buber, GW 18/2, § 1511).

Jung beschränkt sich also keineswegs auf einen engen Empiriebegriff im Sinne der akademischen, experimentellen Psychologie. Vielmehr hält er die klinische Erfahrung für etwas Empirisches: Auch die Erfahrung der Träume, des Unbewussten gehört für ihn zur Empirie, und diesbezüglich besteht er auf seiner Autorität gegenüber Buber.

Was ist nun von diesem verbalen Schlagabtausch zu halten? Stehen sich hier wirklich zwei miteinander unvereinbare theoretische Sichtweisen von Gott und Seele, von Metaphysik und Empirie gegenüber? Oder haben möglicherweise auch andere als nur theoretische Faktoren eine Rolle gespielt beim Zustandekommen dieses unbefriedigenden (Zwischen-)Ergebnisses?

2.3.1 Vergegnung?

Damit es zu einer Begegnung kommt, braucht es zwei Menschen, die sich zusammensetzen und die sich gegenseitig respektieren, die direkt miteinander sprechen. All das hat es zwischen Jung und Buber leider nicht gegeben. Auch haben wir es mit einer gewissen Schieflage zu tun: Buber hat sehr intensiv Jung studiert, das merkt man an seinen Zitaten; Jung viel weniger Buber, und Jung war ganz offensichtlich gekränkt in seiner Ehre. Colman bezeichnet Jungs Ausdrucksweise als die eines narzisstischen Patienten, der leicht beleidigt ist, der dann mit sarkastischen Gegenattacken antwortet, der überhaupt nicht die Substanz der Kritik sieht, der sich auf seine Autorität zurückzieht. Das Missverständnis liegt seiner Ansicht nach aber woanders:

> Well, all this is regrettable and (to me, at least) somewhat embarrassing, but does it affect the *substance* of his work? Buber argues that it does. And this is where the misunderstanding lies. Buber asserts that there is no place for a genuine, absolute Other in Jung's work but he does not see that this is not simply because Jung has overstepped the bounds of psychology (which Jung can then rightly assert he has not done) but because *Jung does not really understand what the Other is. Jung does not know »Thou«.* So of course, Jung does not understand what Buber is talking about and just reacts to what he says as an attack (Colman, 2002).

Wenn ich mich so stark angegriffen fühle – und sicherlich fühlte sich Buber seinerseits auch durch die Invektiven Jungs angegriffen – dann ist es sehr schwer, miteinander ins Gespräch zu kommen. Möglicherweise haben wir es also bei den inhaltlichen Kontrasten zwischen Buber und Jung gar nicht mit unversöhnlichen Widersprüchen zu tun. Wenden wir uns daher einmal jenseits der heftigen Kontroverse der beiden Denker den betroffenen sachlichen Gehalten zu. Dazu dürfte vor allem zunächst ein genauerer Blick auf die jeweils verwendete Terminologie erhellend sein; nicht zuletzt haben in der Kontroverse Missverständnisse über Begrifflichkeiten eine nicht unerhebliche Rolle gespielt. Was ist also gemeint, wenn von »Seele«, »Psyche«, von »Ich« und »Selbst« usw. die Rede ist? Was ist »psychologisch« an Jungs Analytischer Psychologie?

3 Die psychologische Differenz und die religiöse/spirituelle Einstellung

Viele von Jungs Texten, besonders »Antwort auf Hiob« (1952/1963), werden der Religionspsychologie zugerechnet. Was aber ist unter »Religion« zu verstehen, was unter »Psychologie«? Wie lassen sich »Seele« und »Psyche« unterscheiden, »Seelsorge« und »Psychotherapie«? Und, noch wichtiger: In welchem Zusammenhang stehen diese Begriffe als bewusste Konzepte? Inwieweit eröffnen sie uns einen Zugang zum Unbewussten?

Jung verwendet die Begriffe »Seele« und »Psyche« nicht so trennscharf, wie dies vielleicht wünschenswert wäre. Es wird jedoch deutlich, dass er das deutsche Wort »Seele« dann gebraucht, wenn archetypische Erfahrungen ins Spiel kommen, z. B. wenn er im Roten Buch die VI. Nacht gestaltet:

Meine Seele führt mich in die Wüste, in die Wüste meines eigenen Selbst. Ich dachte nicht, daß mein Selbst eine Wüste ist, eine dürre, heiße Wüste, staubig und ohne Trank (Jung, 2009, S. 235).

Studierende der Philosophie, Theologie, Psychologie, Medizin und anderer Fächer bringen den Seelenbegriff ihrer »Folk Psychology« mit ins Studium, der dann in eine Spannung zu wissenschaftlichen Diskursen gerät (Voll et al., 2017). Die Folk Psychology »weiß«, was die Seele ist, und sie verbindet damit häufig Wertschätzung, Intimität und Scham. Die Wissenschaften, z. B. die »Psychologie ohne Seele« (Herzog, 2012; Lange, 1866), wissen hingegen oft genug nicht, was sie mit der Seele anfangen sollen (Holzhey, 2013).

Klarer und trennschärfer als Jung unterscheidet Giegerich (2012) das Seelische, das Psychologische (als »Logos der Seele«) vom Psychischen als der Verdinglichung der Seele:

3 Die psychologische Differenz und die religiöse/spirituelle Einstellung

Tab. 3.1: Psychologische Differenz und Giegerichs Kritik am »nur Psychischen« (Frick, 2015a; Giegerich, 2012)

Psychisch (nicht-seelisch)	Psychologisch (seelisch)
Modernes positivistisches Ich, psychische Funktionen	Logos der Seele
Empirische Forschung	Seele, »das Unbewusste«
Gewöhnliche menschliche Emotionen	Archetypische Erfahrungen
Fakten, Tatsachen	Deutung, Sinnstiftung
Unmittelbar	Nachdenklich
Spiritualitäten	Produzieren von »Leichen«, im Verstummen, in Kunst, Religion, Krankheit, Seelenverlust

Wichtig: Auch der Seelenverlust durch positivistische Wissenschaft wird von der Seele erzeugt, die ständig »Leichen« hinterlässt: Seelenerzeugnisse, die einmal lebendig waren, jetzt aber nur mehr als »Kulturkonserven« (Moreno, 1955) verstauben. Die als Produktion von »Leichen« bezeichnete Negativität der Seele lässt sich gut an der Anima/Animus-Dynamik im Blaubart-Märchen veranschaulichen:

> Die jungvermählte Königin lebt glücklich im Palast, abgesehen von dem Erschrecken über den blauen Bart des Königs, das sie nicht überwinden kann. Als der König eines Tages verreisen muss, sagt er zu ihr: »Da hast du die Schlüssel zu dem ganzen Schloss, du kannst überall aufschließen und alles besehen, nur die Kammer, wozu dieser kleine goldene Schlüssel gehört, verbiet' ich dir; schließt du die auf, so ist dein Leben verfallen.« Letztlich kann sie der Neugier nicht widerstehen und entdeckt in der »heimlichen Kammer« eine große Anzahl von Frauenleichen: ihre Vorgängerinnen! Es gelingt ihr nicht, das Blut vom Schlüssel zu wischen, sodass der König bei seiner Rückkehr den Beweis ihres Ungehorsams in Händen hält.

3 Die psychologische Differenz und die religiöse/spirituelle Einstellung

Sowohl die neugierige Königin (als Anima-Gestalt) als auch der messerwetzende König (als Animus-Gestalt) stehen für die Seele, bei Frauen und bei Männern, im Einklang mit der heutigen, nachpatriarchalen Anima-Animus-Psychologie. Die Seele ist allerdings Giegerich zufolge nicht im positivistischen Sinn feststellbar: »For me there is no such thing as a soul. The soul does not exist. It is the depth of the logical life at work in what happens, no more« (persönliche Mitteilung an Casement, 2011, S. 534). Blaubart-Animus ist nicht nur Mörder, sondern auch Beschützer, und die Königin-Anima nicht nur argloses Opfer, sondern auch erfahrungshungrige Entdeckerin. Beide Aspekte des seelischen Zweigespanns (Syzygie) zeigen, »how absolutely non-violently the soul violates herself« (Giegerich, 2020c, S. 110).

Für die Negativität des mörderischen Animus wählt Giegerich das Verbum »aufheben«, einen Grundbegriff von Hegels Dialektik, das sowohl negative als auch positive Bedeutung hat, nämlich sowohl wegnehmen, abschaffen (*tollere*) als auch bewahren (*conservare*) (Fulda, 2017). Angewandt auf Blaubart-Animus heißt dies: Der »Mörder« ist das geistige Prinzip, die Präsenz des Abwesenden und Negativen. Im Messer-Wetzen ist er die Positivität der Negativität, denn erst durch diese Negativität beginnt die Königin-Anima zu beten, nach Gott und ihren Brüdern zu rufen.

Auch im Bereich von R/S gibt es derartige »Leichen« i. S. Giegerichs zu besichtigen, die gern von der Religionskritik katalogisiert werden. Das Vitale, Lebendige ist die gelebte Spiritualität, die es innerhalb verfasster Religionen gibt und auch außerhalb. Jung spricht von der religiösen Einstellung, die für ihn »… mit Konfession oder Zugehörigkeit zu einer Kirche natürlich nichts zu tun hat« (GW 11, § 509). Wir können Jungs »religiöse Einstellung« i. S. unseres heutigen (weit gefassten) Spiritualitätsbegriffs verstehen (Kast, 2008; Tardan-Masquelier, 1998), der Jung noch nicht zur Verfügung stand. Ein solch weiter Spiritualitätsbegriff entspricht James' »personal religion« (1902). Spiritualität, persönliche Religion und subjektive Erfahrung wären allerdings gründlich missverstanden, wenn sie als beliebiges »Anything goes« aufgefasst würden:

> Von der Wahrheit der subjektiven Erfahrung lässt sich nur sinnvoll sprechen, wenn die Erfahrung auch falsch sein könnte. Das erfordert […] die Rückbindung unserer Gefühle und Vorstellungen an das begriffliche Denken. In der spirituellen Erfahrung übersteigt das endliche Subjekt seine eigenen Grenzen und er-

fährt sich als eins mit dem Absoluten. Die spirituelle Erfahrung ist wahr, wenn der Mensch das Absolute als das auffasst, was es in Wirklichkeit ist. Hier unterscheidet sich die Religion von einer Spiritualität ohne Gott. Für diese bleibt die Materie oder die Natur die Wahrheit der subjektiven Erfahrung. Die Religion hingegen deutet das Absolute selbst als etwas Geistiges, mit dem sich der spirituelle Mensch als eins erfährt (Sans, 2019, S. 173).

Sans und Giegerich sind gleichermaßen von Georg Wilhelm Friedrich Hegel und seinem Geistverständnis inspiriert. Angesichts der »chronischen Unklarheit« des Ausdrucks »Spiritualität« sucht Sans nach Kriterien für authentische spirituelle Erfahrung. Giegerich ist noch viel skeptischer und distanziert sich in »What is soul?« (2012/2022) sowie an vielen anderen Stellen vom Spiritualitätsbegriff, den er dem persönlichen Erleben, dem Psychischen, und damit gerade nicht dem autonomen Geist (Jung, GW 8, § 661) bzw. dem Psychologischen, der objektiven Psyche zuordnet.

Man darf eben die (bleibend unverzichtbare) Arbeit am Psychischen und persönlich Bedeutenden, die Bemühung um Überwindung der psychischen Störungen nicht für *Psychologie* oder für psychologisch relevant halten. Die Psychologie hat es *einseitig* mit dem, was Jung hier die »geistige Seite« nennt, zu tun, ohne deswegen die andere Seite des nur Psychischen zu verleugnen oder zu verachten. Genau dieses Doppelte, aber Geschiedene besagt »psychologische Differenz«. Sie umfasst beide Seiten, weil sie *deren* Differenz ist. Sie beruht auf der festgehaltenen Einheit (Giegerich, 2018, S. 233 f.).

3.1 Mystische Anthropologie

In diesem Buch wird der Begriff »Spiritualität« nicht kategorial (eine Person ist entweder spirituell oder nicht) verwendet, sondern dimensional (jeder Mensch ist in der einen oder anderen Weise spirituell). Selbstverständlich gibt es Menschen, die sich »nicht-spirituell« nennen, weil sie sich selbst als atheistisch oder agnostisch bezeichnen. Dies ist der für sie passende individuelle oder auch ihrem sozio-kulturellen Kontext entsprechende (emische) Sprachgebrauch, den es in der zwischenmenschlichen

3 Die psychologische Differenz und die religiöse/spirituelle Einstellung

Beziehung, z. B. in der Psychotherapie, zu respektieren gilt. Wollen wir jedoch über das Individuum hinaus kollektive Aussagen machen und uns innerhalb einer scientific community verständigen (hier: Analytische Psychologie), brauchen wir universalisierbare, »etische« Begriffe (Frick, 2021).

Derartige etische Begriffe sind: »spirituell« oder »religiös« jenseits konfessioneller Zugehörigkeit (Jung, GW 11, § 509) oder »mystisch« (Neumann, 1948). Neumanns mystische Anthropologie handelt nicht nur von »Hochmystikerinnen« und »Hochmystikern«, sondern von der mystisch-spirituellen Dimension des Menschen überhaupt:

> Die Entstehung und Entwicklung der menschlichen Persönlichkeit, ebenso wie die Bildung und Entwicklung des Bewusstseins, fußen auf in unserem Sinne mystischen Prozessen, die zwischen dem Ich als Träger des Personalen und dem numinosen Transpersonalen spielen. Nur der moderne abendländische Mensch kann in seiner Ich-Starre und Bewusstseinsverschlossenheit die existenzielle Angewiesenheit des Menschen auf das ihn mystisch Verändernde verkennen, von dem her er lebt und das in ihm und als er schöpferisch wird (Neumann, 1948, § 25).

Der mystische Mensch in diesem Sinn ist der für das Geheimnis offene Mensch, sei er nun religiös oder nicht religiös. Es ist der Mensch, insofern er sich in seiner lebenslangen Entwicklung ausrichtet auf das Selbst (Ich-Selbst-Achse). Diese mystische Dimension kann auch vernachlässigt werden, z. B. wenn wir uns kulturell kollektiv auf unser bewusstes Ich, auf unsere Immanenz beschränken und jegliche Transzendenz, also das Angewiesen-Sein auf das Jenseits unserer Grenzen, ausblenden.

Neumann entfaltet den mystischen Individuationsweg zwischen den Polen des Uroboros, der sich in den Schwanz beißenden Schlange, einerseits und des Osiris andererseits, des ägyptischen Gottes der Todesüberwindung. Im Gegensatz zur uroborischen Mystik, die regressiv auf den Ursprung bezogen ist, geht die Mystik des Drachenkampfes und des Helden gestaltend auf die Welt zu. Der baskische Mystiker Ignatius von Loyola (▶ Kap. 7) drückte diese final orientierte Weltbezogenheit als »Gott finden in allen Dingen« aus, also ein Transparentwerden der Welt und eine Öffnung gegenüber dem symbolischen Leben (Lautenschlager, 2009), oder mit Neumann (1948, § 132):

3.1 Mystische Anthropologie

Wenn in jedem Ding und in jeder Situation ein numinoser Hintergrund aufleuchten kann, der zur mystischen Begegnung von Ich und Nicht-Ich und zur Erleuchtung führt, wird alles in der Welt zum Symbol und wird Teil des Numinosen, und die vom uroborischen Mystiker angeprangerte Welt erweist sich in einem unheimlichen Sinn als »gott-trächtig« und göttlich.

In seinen im Deutschen unveröffentlichten »Beiträgen zur Tiefenpsychologie des jüdischen Menschen und zum Problem der Offenbarung« skizziert Neumann (unveröffentlicht-a) die Spannung zwischen der Erde und JHWH als Gegensatzspannung zwischen dem weiblichen und dem männlichen Prinzip. Durch das Fehlen einer weiblichen Gottheit sei die Erde für Israel weiblich besetzt. Mit der Zerstörung des Zweiten Tempels sei auch die Schechina, die (weiblich erlebte) Einwohnung Gottes, in die Diaspora und Verbannung (Galuth) gegangen und klage genauso über die Trennung JHWHs von der Erde, wie Israel über seine Trennung von JHWH klage.

Neumann verwendet diese nur in englischer Übersetzung (Lammers & Kyburz, 2019a, 2019b) veröffentlichten Manuskripte zum Judentum (unveröffentlicht-a, unveröffentlicht-b) als »Steinbruch« (Löwe, 2014, S. 223) für seine späteren Werke. Insbesondere beschreibt er die neuzeitliche Hinwendung zu Naturwissenschaft und Technik als Abwendung vom Himmels- und Hinwendung zum Erdarchetypus, was er als Hinwendung zur Großen Mutter und zum weiblichen Prinzip interpretiert. Verallgemeinert auf die spirituelle Suche heutiger Menschen könnten wir sagen: Der neuzeitliche Verlust des Himmelsbezugs, die Trennung von Immanenz, »irdischem« Alltag einerseits und Transzendenz andererseits, hat eine Entsprechung im göttlichen Drama. Sowohl Jung (▶ Kap. 5) als auch Neumann interpretieren dieses Drama als eine Entwicklungsgeschichte, die sich in Gott und in Gottes Beziehung zur Erde und zu den Menschen ereignet. Jung konnte sich den in der jüdischen Spiritualität liegenden Wurzeln seines genialen Schülers nie wirklich öffnen. Gleichwohl sind die Parallelen zwischen der Schechina im Exil, wie Neumann sie beschreibt, und der Sophia-Maria als weiblicher Seite Gottes in Jungs Hiobschrift (▶ Kap. 5) unverkennbar.

Jung greift im Lauf seines Lebens auf die indische Spiritualität zurück (insbesondere was den Archetyp des Selbst angeht), viel seltener auf die jüdische und auf die islamische Mystik. Er ist mit zahlreichen christlichen

Mystikern vertraut, so mit seinem Schweizer Landsmann Klaus von der Flüe, mit Meister Eckhart, mit Hildegard von Bingen und mit den Spaniern Teresa von Avila, Johannes vom Kreuz und Ignatius von Loyola, dem Gründer des Jesuitenordens (▶ Kap. 7), dem auch der Verfasser dieses Buches angehört. Unter den Jesuiten im Umkreis Jungs sind zu nennen: Erich Przywara (1938/1964), Hugo Rahner (1952), Raymond Hostie (1955) und Louis Beirnaert (1979/1989).

Letzterer wendet sich nach mehreren persönlichen Begegnungen mit Jung und Teilnahme an den Eranos-Tagungen von der Analytischen Psychologie ab und der Schule Lacans zu. Beirnaert reflektiert die Hinführung zur Mystik (Mystagogie) und die Weitergabe von Erfahrung in Psychoanalyse und Exerzitien und kommt zu dem paradoxen Schluss, dass »die ignatianische Spiritualität auf der *Nicht-Weitergabe* dessen beruht, was sie begründet« (Beirnaert, 1979/1989, S. 254). »Dieses *Nicht-Vorschlagen als zu realisierendes Ziel* ist die Bedingung für das Zustandekommen der Erfahrung« (Beirnaert, 1979/1989, S. 255). Damit ist vordergründig gemeint, dass weder eine Theorie noch ein (mystischer oder psychoanalytischer) Text zur Erfahrung führen, sondern das »Machen« (der Exerzitien oder der eigenen Psychoanalyse). Auf einer tieferen Ebene jedoch heißt Nicht-Weitergabe in der Weitergabe, dass Unvorhersehbares ins Spiel kommt, Überraschendes, Unbewusstes und Unweitergebbares, mit Ralf Vogel (2021) gesprochen: Das »Un-*«, das Opake. Besonders wichtig für die ignatianische Unterscheidung der Geister ist das »Un-*« der Trostlosigkeit. Der mystische Weg ist kein wohlfühlendes Schwelgen in Erleuchtungs- und Trosterfahrungen, sondern ein Lernen aus dem Wechsel von Trost und Trostlosigkeit, aus dem Erspüren der Transzendenz *und* aus dem Leiden an der Abwesenheit Gottes, an der scheinbar unüberbrückbaren Spaltung zwischen Immanenz und Transzendenz (▶ Kap. 4.6).

4 »Gerufen oder nicht gerufen …«: Religionskritik

Das Schma Israel (»Höre, Israel! JHWH, unser Gott, JHWH ist einzig …«) gehört zum Ersten Testament, das Juden und Christen gemeinsam ist:

> … diese Worte … sollen auf deinem Herzen geschrieben stehen und den Kindern weitergegeben werden. Du sollst von ihnen reden, wenn du zu Hause sitzt und wenn du auf der Straße gehst, wenn du dich schlafen legst und wenn du aufstehst. Du sollst sie als Zeichen um das Handgelenk binden. Sie sollen zum Schmuck auf deiner Stirn werden. Du sollst sie auf die Türpfosten deines Hauses und in deine Stadttore schreiben (Dtn 6,4–9).

Die Erinnerung an den Gott Israels betrifft also nicht nur die Transzendenz, sondern auch die Immanenz, die Alltäglichkeit, und dies sogar in erster Linie. Auch die Bibel kennt zwar die Abgrenzung eines heiligen Bereichs, der in der Thora durch verschiedene Reinheitsvorschriften geschützt ist. Eine kulturelle und sprachliche Spaltung zwischen profanem und sakralem Bereich hingegen ist der Bibel fremd. Deshalb die sprachliche, rituelle und leibnahe Verknüpfung der Alltagswelt mit dem göttlichen Wort – bis in die Architektur hinein.

Eine solche Verknüpfung stellt auch der eingangs erwähnte Orakelspruch aus Delphi dar, den die Spartaner empfingen, als sie wieder einmal Krieg führen wollten gegen Athen und beim Orakel anfragten, ob das denn eine gute Idee sei. Ihnen wurde geantwortet: »Ob gerufen oder ungerufen, Gott wird da sein«. Jahrhunderte später ließ Jung diesen Satz, der in lateinischer Sprache durch Erasmus von Rotterdam bekanntgemacht wurde, über den Türsturz seines Wohnhauses und auf seinen Grabstein schreiben: *VOCATUS ATQUE NON VOCATUS DEUS ADERIT* – Ob gerufen oder nicht gerufen, Gott wird da sein: Wir können diesen Satz nun zunächst als diachrone Religionskritik lesen, also die Art und Weise nachvollziehen, wie der Mensch im Lauf der Geschichte mit dem Ruf nach Gott umgeht.

Anschließend fragen wir synchronisch, inwieweit der Satz die heutige (Nicht-)Suche nach Gott widerspiegelt.

4.1 Vocatus: Die Vormoderne

In der Vormoderne erfährt sich der Mensch als der Gerufene, und er seinerseits ruft nach Gott. Diesen religiösen Bezug haben die klassische Antike, die Bibel Israels, das Neue Testament und das Christentum sowie der Koran und der Islam gemeinsam. Der Mensch liest heilige Texte innerhalb seiner Glaubensgemeinschaft. In unserer diachronen Betrachtungsweise halten wir die Vormoderne gern für antiquiert und abgeschlossen. Als (post-)moderne Menschen wollen wir gern »religionswissenschaftlich« auf die vormodernen Götter und ihre Verehrerinnen schauen. Und doch leben auch wir unter ihrem Götterhimmel. Jung übernimmt von Tertullian die Feststellung, dass die Seele von Natur aus religiös/christlich sei (Tertullian, Apol. 17,6). Lesmeister (2014) kommentiert die Neigung Jungs, in religiöser Sprache über psychologische Sachverhalte zu sprechen, einer Introversion des alten Götterhimmels das Wort zu reden, aus den Göttern Archetypen und Krankheiten zu machen (Jung GW 13, § 54): Jung habe den alten Wein (die Religion) in die (modernen) Schläuche der Psychologie gefüllt, und dies sei sowohl dem Wein als auch den Schläuchen schlecht bekommen. Jungs Verdacht, dass das wissenschaftlich-technische Zeitalter sich zunehmend der dämonischen Besessenheit ausliefere (GW 9/1, § 455), hängt mit der modernen Überheblichkeit zusammen, die Schattenaspekte des Geistes auf die Vormoderne zu projizieren.

4.2 Non vocatus: Die (klassische) Moderne

Die Neuzeit beginnt mit dem Vor-Satz Hugo Grootius': *etiam si Deus non daretur* (auch wenn es Gott nicht gäbe, 1675, I Prol. 11, S. 10). Die Gottesfrage wird eingeklammert, wir denken und forschen so, als gäbe es Gott nicht. Diese neuzeitliche Wende muss nicht unweigerlich in einen systematischen Atheismus münden, sie ermöglicht aber die Autonomie von Denken und Forschen gegenüber religiösen Weltbildern und Autoritäten. Das Projekt der eingeklammerten Gottesfrage und die damit verknüpfte Selbstfindung entschädigt den modernen Menschen für die schmerzliche Erfahrung der Gottesferne (Lesmeister, 2014), mit Max Weber gesprochen (1909) für den Verlust oder das Fehlen der »religiösen Musikalität«:

> Und – damit stelle ich Ihren Glauben an meine Unbefangenheit vielleicht auf eine noch härtere Probe und weiß nicht, wie ich dabei bestehen werde – ich könnte ein solches metaphysisch-naturalistisch orientiertes Anti-Pfaffentum auch gar nicht mit subjektiver Ehrlichkeit mitmachen. Denn ich bin zwar religiös absolut »unmusikalisch« und habe weder Bedürfnis noch Fähigkeit, irgendwelche seelischen »Bauwerke« religiösen Charakters in mir zu errichten – das geht einfach nicht, resp. ich lehne es ab. Aber ich bin nach genauer Prüfung weder antireligiös noch irreligiös. Ich empfinde mich auch in dieser Hinsicht als einen Krüppel, als einen verstümmelten Menschen, dessen inneres Schicksal es ist, sich dies ehrlich eingestehen zu müssen, sich damit – um nicht in romantischen Schwindel zu verfallen – abzufinden, aber [...] auch nicht als ein Baumstumpf, der hie und da noch auszuschlagen vermag, mich als einen vollen Baum aufzuspielen (Weber, 1909/1994).

Mit der gefühlten »Unmusikalität« ist eine Behinderung verbunden, die sich in psychotherapeutischen Behandlungen zeigen kann und die nach Begleitung sucht.

Das Projekt der klassischen Moderne gestaltet die Welt säkular, institutionen- und vor allem religionskritisch. Freud ist ein später Exponent der klassischen Moderne, und sein Begriff des »Unbehagens in der Kultur« steht für Höhepunkt und Krise der Moderne (Freud, 1930).

In seiner Arbeit »Zur Psychopathologie des Alltagslebens« lässt uns Freud an Deckerinnerungen seines Schülers Ferenczi teilnehmen:

> Seltsamerweise fällt mir dazu [...] folgendes ein: Gott schuf den Menschen nach seinem Bilde, und dessen veränderte Fassung: der Mensch schuf Gott nach dem

seinigen. Daraufhin taucht sofort die Erinnerung an das Gesuchte auf: Mein Freund sagte damals zu mir in der Andrássystraße: Nichts Menschliches ist mir fremd, worauf ich – auf die psychoanalytischen Erfahrungen anspielend – sagte: Du solltest weitergehen und bekennen, daß dir nichts Tierisches fremd ist. [...] Es ist interessant, daß sich als Deckeinfall ein Satz einstellte, in dem die Gottheit zu einer menschlichen Erfindung degradiert wird, während im gesuchten Satze auf das Tierische im Menschen hingewiesen wurde. Also die capitis diminutio ist das Gemeinsame (GW 4, S. 25 f.).

Capitis diminutio (bürgerlicher Tod) ist ein Ausdruck des römischen Rechts. Ferenczi geht von der hierarchischen Vorstellung (Gott – Mensch – Tier) aus, sodass die »Erfindung« Gottes im Gottesbild als »Degradierung« erscheinen muss. Die schöpferische Imagination des Menschen muss allerdings nicht hierarchisch-pädagogisch gesehen werden. Sie kann auch – im Sinne von Winnicott und Rizzuto (2002) – als lebenslanges Finden und Erfinden Gottes aufgefasst werden, als unvermeidlicher »blinder Fleck« unserer Sicht auf Gott (▶ Kap. 6):

> Der Ausspruch, der Mensch habe Gott nach seinem eigenen Bilde geschaffen, wird gewöhnlich als amüsantes Beispiel für das Perverse behandelt, aber das, was in diesem Ausspruch an Wahrem steckt, könnte durch eine Umformulierung deutlicher gemacht werden, z. B.: Der Mensch fährt fort, Gott zu erschaffen und wieder zu erschaffen als einen Ort, wohin er all das tun kann, was in ihm selbst gut ist und was verderben könnte, wenn er es zusammen mit all dem Haß und der Destruktivität zusammen in sich behielte, die da auch noch zu finden sind. Die Religion (oder ist es die Theologie?) hat dem sich entwickelnden einzelnen Kind das Gute gestohlen und hat dann ein künstliches Schema aufgestellt, um ihm dieses Gestohlene wieder einzuflößen; das hat man dann »moralische Erziehung« genannt. In Wirklichkeit funktioniert die moralische Erziehung nicht, wenn der Säugling oder das Kind in sich selber nicht durch einen natürlichen Entwicklungsprozeß das Material entwickelt hat, dem man, wenn man es in den Himmel hinauf versetzt, den Namen »Gott« gibt (Winnicott, 1963/2002, S. 121 f.).

4.3 Vocatae/i/a: Postmoderne (Spiritual Turn)

Die (klassische) Moderne und die Postmoderne sind zwei Säkularisierungsschübe, die sich hinsichtlich ihres jeweiligen spirituellen Globaltrends unterscheiden. Beide setzen die historischen Ereignisse der Säkularisation (Anfang des 19. Jahrhunderts) und der daraus regional unterschiedlich eintretenden Trennung von Staat und Kirche voraus (Säkularität 1). Nach Loffeld (2024) besteht die Moderne in einer »Subtraktionsgeschichte«: je weniger Glaube, desto mehr Modernität und umgekehrt (Säkularität 2), der postmoderne Glaube hingegen in der Multioptionalität (Säkularität 3). Kirche und Theologie kranken daran, dass sie sich weiterhin an den Atheismen von Säkularität 2 abarbeiten und von Bedürfnissen ausgehen, die indifferente Menschen nicht (mehr) haben. Während es in der Säkularität 2 um Subtraktion geht (Konflikte Glaube vs. Vernunft, Qualität der kirchlichen Seelsorge), ist für Säkularität 3 eine Aufmerksamkeitsverschiebung (Distraktion) der vorherrschende Ausdruck religiöser Indifferenz: die lautlose Abstimmung mit den Füßen, das Fernbleiben aus Zeitgründen aufgrund anderer Optionen, »weil es sich nicht ausgeht« und nicht wegen schlechter Predigten oder altmodischer Musik.

Besser als die klassische freudianische Religionskritik scheint C. G. Jung als früher Postmoderner auf die spirituelle Suche heutiger Menschen (Säkularität 3) einzugehen:

> Es ist ein Mißverständnis, wenn man mir vorwirft, ich hätte damit einen »immanenten Gott« und damit einen »Gottesersatz« geschaffen. Ich bin Empiriker und als solcher kann ich die Existenz einer dem Bewußtsein übergeordneten Ganzheit nachweisen, empirisch nachweisen. Diese übergeordnete Ganzheit wird vom Bewußtsein numinos erlebt, als Tremendum und Fascinosum. Als Empiriker interessiert mich nur der Erlebnischarakter dieser übergeordneten Ganzheit, die an sich, ontisch genommen, ein Indescriptibile ist. Dieses »Selbst« steht nie und nimmer an Stelle Gottes, sondern ist vielleicht ein Gefäß für die göttliche Gnade. Solche Mißverständnisse rühren von der Annahme her, daß ich ein irreligiöser Mensch sei, der nicht an Gott glaube und dem man nur den Weg zum Glauben weisen müsse (Jung, GW 11, S. 675).

Charakteristisch für die Gegenwart ist ein Schwanken zwischen Gottes- und Selbstverlust, »als geriete das Subjekt auf dem Weg zu sich selbst aus dem Regen der Nichtexistenz Gottes in die Traufe des nichtexistenten Selbst. Eine fatale Symmetrie des Fehlens zeichnet sich ab« (Lesmeister, 2014, S. 57). Mit diesem Dilemma der Abwesenheit kann eine Hysterisierung des spirituellen Begehrens einhergehen: Das postmoderne Subjekt nimmt sich selbst als frei und radikal subjektiv wahr, folgt jedoch kapitalistischen Angebots- und Konsumstrukturen des psycho-spirituellen Marktes: »Enjoy!« (Genieße, sei der du bist, finde deine eigene Spiritualität!, Finkelde, 2014). Das »Anything goes« des spirituellen Konsumismus meint, dem Begehren zu folgen, surft jedoch in Wirklichkeit von einer Bedürfnisbefriedigung zur nächsten. Der »Spiritual Turn«, die Demokratisierung der spirituellen Suche, die »Selbstermächtigung« des Subjekts (Gebhardt, 2013) und damit auch die Selbstermächtigung in der Spiritualität bedürfen der »Unterscheidung der Geister«.

»*Vocatae/vocati/vocata*«: Postmoderne Menschen haben die Tendenz, sich gegendert (w/m/d) als Gerufene zu erleben. Dies hat Auswirkungen auf ein Gottesbild, das von der Suche nach sexueller Identität geprägt ist: G*tt (Dinkelaker & Weidlich, 2022) (https://gott-wmd.de/), ▶ Kap. 6.

4.4 »Gerufen«: Unbewusstwerden des Wortes »Gott« durch Lexikalisierung

Nachdem wir anhand von Jungs Vocatus-Überschrift in diachroner Perspektive verschiedene Stufen der Religionskritik betrachtet haben, soll es nun synchron um Gott als den jetzt (nicht) Gerufenen gehen.

4.4 »Gerufen«: Unbewusstwerden des Wortes »Gott« durch Lexikalisierung

> **Sprachliche Herkunft und Verwendung des Wortes »Gott«,
> *modifiziert nach* www.dwds.de**
>
> Das deutsche Wort »Gott« kann hergeleitet werden von
>
> - germ. *guða- auf ein mit -to- gebildetes Part. Perf. ie. *ĝhŭto- ›angerufen‹, zur Wurzel ie. *ĝhau-, *ĝhau̯ə- ›rufen, anrufen‹ (altindische Veden: der Gott Indra als der »Vielgerufene«), so dass die substantivierte Form ie. *ĝhŭtom als ›das (durch Zauberwort) angerufene oder berufene Wesen‹ zu deuten wäre
> oder
> - gr. chéein »gießen«, germ. *guða- als ›das (Wesen), dem geopfert wird‹ von ie. Wurzel *ĝheu-, also: »das gegossene Bild« oder bezogen auf das Ausgießen bei Opferhandlungen: »das Wesen, dem ausgegossen bzw. geopfert wird«,
> - germ. *guða- ›Gott, Gottheit‹, im Plur. ›Schicksalsmächte‹, gilt als Neutr. für männliche und weibliche Gottheiten.
> - Unter christlichem Einfluss wird das Genus mask., und das Substantiv bezeichnet im gesamten germ. Sprachbereich den ›Christengott‹.

Unabhängig von der Etymologie (anrufen/opfern) ist »Gott« kein Eigenname, sondern sprachlich ein Partizip Perfekt passiv, logisch ein zweistelliger Relationsbegriff, für den seine Bezogenheit auf das betende und opfernde Subjekt konstitutiv ist (Zimmermann, 2012). Aus den im Kasten aufgelisteten möglichen Etymologien kann man mit Irsigler und Schwienhorst-Schönberger folgern: Das Wort »Gott« ist eine »längst verblasste« lexikalisierte Metapher, aber auch eine »notwendige Metapher« (Irsigler, 2021, S. 48; Schwienhorst-Schönberger, 2023), ohne die unsere Sprache nicht auskommt. Verblasst sind Metaphern, die gebraucht werden, ohne dass der Vergleich noch bewusst ist: Z. B. denkt niemand bei einer Glühbirne an den Vergleich mit der Frucht des Birnbaums. Eine Metapher ist »Gott« insofern, als ein Handlungsgeschehen (rufen, ausschütten, opfern usw.) auf das verborgene göttliche Wesen übertragen wurde (*metaphérein*: übertragen). Wahrscheinlich war das Wort »Gott« vorchristlich ein

Neutrum, das männliche und weibliche Gottheiten zusammenfasste (Schwienhorst-Schönberger, 2023, S. 42 f.). »Lexikalisieren« bedeutet sprachwissenschaftlich, dass ein Wort als neues Lexem festgelegt, zum festen inhaltlich-begrifflichen Bestandteil der Sprache gemacht wird. Durch die Lexikalisierung erstarrt das Prälexem »gerufenes, durch Gießen und Opfern zugänglich gemachtes Wesen« in den sekundären religiösen Bedeutungen und Gebrauchsweisen, die sich nicht mehr grammatisch, logisch, etymologisch oder analogisch aus dem Wortstamm herleiten lassen.

Die sprachliche Analyse macht bewusst, dass hinter dieser unbewusst gewordenen Metaphorik ein Beziehungsgeschehen steckt: Gott ist ursprünglich der Gerufene (lat. »*vocatus*«) im Sinne der sprachgeschichtlich zugrunde liegenden Metapher. Dieser Bezug ist jedoch so weit verblasst, dass er unbewusst geworden ist, sei es kollektiv in der deutschen Sprache oder individuell. Zimmermann (2012) wählt als historisch und zugleich ikonografisch wichtiges Beispiel für »Gott als Relationsbegriff« das Spottkruzifix vom römischen Palatin:

Das Graffito lautet im Textteil ΑΛΕΞΑΜΕΝΟΣ ΣΕΒΕΤΕ ΘΕΟΝ (*Alexámenos sébete theón*), was in nicht ganz korrektem Griechisch (»*sébete*« statt »*sébetai*«) bedeutet: Alexamenos betet seinen Gott an. Im Bildteil ist eine menschliche Gestalt zu sehen (wohl Alexamenos), die sich (betend) einem gekreuzigten Esel zuwendet. Traditionell wird das Graffito als Verspottung des christlichen Gottesbildes (der gekreuzigte Jesus als Esel) und speziell der Beziehung zwischen Alexamenos und Jesus verstanden, sichtbar an der gestischen Zuwendung der Köpfe und der Hände.

Diese erste bekannte Kreuzesdarstellung (2./3. Jhd.) zeigt also ein Gottesbild in der Zweite-Person-Perspektive (nämlich Alexamenos in Beziehung zu Gott/Jesus) in drittperspektivischer Karikatur; denn es ist kaum anzunehmen, dass sich Alexamenos selbst in dieser Form »verewigen« wollte.

Im griechischen Text des Spottkruzifixes ist von Gott ohne Artikel die Rede. Seine Bestimmung erhält der Relationsbegriff Gott durch »Alexamenos«, das Subjekt des Satzes. Im Deutschen kann »Gott« wie in vielen anderen Sprachen ein Gattungsname (Appellativum) sein, wie Mutter, Kind, Haus, Tier, Baum usw., und dann auch in den Plural gesetzt werden, z. B. »die Götter Griechenlands«. Ähnlich wie die Verwandtschafts-Appel-

4.4 »Gerufen«: Unbewusstwerden des Wortes »Gott« durch Lexikalisierung

Abb. 4.1: Nachzeichnung des Spottkruzifixes vom Palatin (Quelle: https://com mons.wikimedia.org/wiki/File:AlexGraffito.svg)

lativa Mutter, Papa, Oma wird Gott aber auch als Eigenname verwendet, und dann monoreferent, d. h. nur im Singular und ohne Artikel. Auch in der Inschrift vom Palatin steht das Wort *theón* (»Gott« im Akkusativ) ohne Artikel, das heißt, der besondere Bezug zwischen Alexamenos und (seinem) Gott wird mitgedacht, ohne dass dies ausdrücklich gesagt wird. Zimmermann (2012) problematisiert diesen Sprachgebrauch: »›Gott‹ ist kein Eigenname, sondern ein zweistelliger Relationsbegriff«. Weitere, im Frühneuhochdeutschen entstandene Besonderheiten des Gottesnamens sind die auf Luther zurückgehende Doppelmajuskel »GOtt« und der starke

Genetiv »-es«: Gott*es* Wort oder Wort Gottes, im Unterschied etwa zu Paul*s* Taschentuch (Kopf, 2023). Auch der biblische Gottesname JHWH ist wahrscheinlich eine verblasste Metapher, am ehesten abzuleiten von dem Verbum *hawah* (»fallen, wehen«. Also: »Er weht«) (Schwienhorst-Schönberger, 2023, S. 86). Ursprünglich dürfte JHWH also ein Gott gewesen sein, der im Zusammenhang mit Wind, Wetter und Sturm erfahren wurde. Im Buch Hiob z. B. gibt es zahlreiche Stellen, an denen Gott aus dem Sturmwind heraus spricht (vgl. Luthers Gelübde während des Gewitters). JHWH wird in der jüdischen Tradition bis heute nicht (mit Vokalen) ausgesprochen, sondern umschrieben als *Hashem* (der Name) oder *Adonai* (Herr). Auch die griechische Übersetzung des Alten Testaments (Septuaginta) umschreibt den Gottesnamen mit dem griechischen *kýrios* (»Herr«). Die meisten christlichen Übersetzungen der hebräischen Bibel teilen diese respektvolle Zurückhaltung, indem sie HERR an Stelle des Gottesnamens schreiben bzw. zum Lesen und Vorlesen vorschlagen. Jung hingegen missachtet diese sprachliche Zurückhaltung in »Antwort auf Hiob« und schreibt den Gottesnamen JHWH mit Vokalen. Erich Neumann hingegen respektiert die bei jüdischen Autorinnen und Autoren übliche Wiedergabe in Großbuchstaben ohne Vokale.

Wie schon erwähnt, wird das Wort »Gott« im Deutschen meist nicht als Gattungsbezeichnung verwendet, sondern als Eigenname: ohne Artikel und ohne Pluralisierung. Diese Verwendung steht für eine gewissermaßen familiäre Vertrautheit, die in der Alltagssprache allerdings vermieden wird, durch das Verblassen des Anrufungs- und referenziellen Charakters und durch die verniedlichende Redeweise vom »lieben« Gott. In auffälligem Kontrast zu diesen alltäglichen Redeweisen verwendet Heidegger (1976, S. 209) den Gottesbegriff mit unbestimmtem oder bestimmtem Artikel und macht so die ganze Not der postmodernen Auseinandersetzung mit der Präsenz oder Abwesenheit Gottes bewusst:

> Nur noch ein Gott kann uns retten. Uns bleibt die einzige Möglichkeit, im Denken und im Dichten eine Bereitschaft vorzubereiten für die Erscheinung des Gottes oder für die Abwesenheit des Gottes im Untergang; daß wir im Angesicht des abwesenden Gottes untergehen. […] Wir können ihn nicht herbeidenken, wir vermögen höchstens die Bereitschaft der Erwartung zu wecken.

4.5 »Oh mein Gott!«: Unbewusstwerden des Wortes »Gott« durch Interjektionalisierung

Im Gegensatz zu der am Beginn des Kapitels zitierten biblischen »Verknüpfung« zwischen Alltagswelt und religiöser Sprache zählt das Wort »Gott« nicht mehr zum bewussten Alltagsvokabular. Es ist allerdings auch heute möglich, im Sinne von Dtn 6 Gottesspuren in Architektur, Kunst und Literatur zu legen oder am eigenen Leib zu tragen: für sich selbst und möglicherweise für andere, die solche Spuren lesen können oder wollen. Auch durch die Meditation der Bibel oder die nüchterne, auf Bilder verzichtende Kontemplation kann Gott als tragender Grund unseres Lebens auftauchen, als »Erfahrung grundlosen Getragenseins«, indem wir über dem »Abgrund der Grenzsituation getragen werden« (Gutschmidt, 2021, S. 943).

Hier wollen wir jedoch in der Alltagswelt mit ihrer Sprache bleiben, in der zwar von religiösen Dingen die Rede sein kann, Gott als tragender Grund jedoch selten bewusst wird. Aber er kann als Unterbrechung des Redeflusses auftauchen, durch eine Interjektion, eventuell von einer besonderen Prosodie, von illustrierender Gestik und Emotionalisierung begleitet wie in dem folgenden Beispiel. Es stellt keine Grenzsituation dar, auch wenn ein »Schockerlebnis«, nämlich ein Unfall, berichtet wird: Frau FA erzählt ihrer Fußpflegerin (AC) von der mit der Taufe des Enkels kombinierten kirchlichen Trauung der Tochter. Dem Enkel gefiel der Taufritus so gut, dass er ins Wasser »reinpatschte« und zur Pastorin sagte: »noch mal taufen«. Im weiteren Verlauf des Gesprächs schildert Frau FA die Aufräumarbeiten nach dem Fest:

0095	**FA**	und dann haben mein mann und (.) und ihr mann (.) eben noch da beim aufräumen helfen wollen °h und dabei is mein mann blöd gestürzt hat sich n ellbogen gebrochen
0096	**AC**	oh mein go[tt ach]kann man davon den ellenbogen brechen oh

0097	**FA**	[ja]
0098	(0.55)	
0099	**FA**	jaja gott sei dank so n ganz (.) einfacher unkomplizierter bruch also er hatte dann ähm
0100	(0.34)	
0101	**FA**	erst gar nichts also schon (.) also er is (.) auf den kopf gefallen +++ er is richtig °h
0102	(0.53)	
0103	**FA**	stand so und hat s nich gesehen dass hinter ihm noch so ne kleine bank stand °h hat sich dann is ins (.) im drehen dann (.) über die bank gestolpert und richtig (.) frontal (.) mit dem kopf und mit der linken hand linke °h linke bein is auch n bisschen
0104	(0.51)	
0105	**FA**	lädiert °hh und dann is er dann ins vincentinum zum röntgen gefahren und dann tatsächlich ellbogen gebrochen [...]
0118	**AC**	ach j[a]
0119	**FA**	[ja]ich hab [schon]
0120	**AC**	[kommt]immer (.) irgendwa[s noch dazu]
0121	**FA**	[ich hab schon gedacht oh]gott jetz muss ich
0122	(0.27)	
0123	**FA**	alles alleine machen praktisch und äh bei allem helfen und büro alleine machen aber
0124	(1.3)	
0125	**FA**	°h (.) ja das war dann gott sei dank doch nich der fall[2]

---

[2] IDS, Datenbank für Gesprochenes Deutsch (DGD), FOLK_E_00490_-SE_01_T_01 [http://dgd.ids-mannheim.de, letzter Zugriff: 21.7.2023]; Direktlink https://dgd.ids-mannheim.de/DGD2Web/ExternalAccessServlet?command=displayTranscript&id=FOLK_E_00490_SE_01_T_01_DF_01&cID=c96&wID=&textSize=200&contextSize=4.
Weitere Textbeispiele in *Korpustreffer für »oh Gott«, aus dem Korpus Gesprochene Sprache des Digitalen Wörterbuchs der deutschen Sprache:*

4.5 Unbewusstwerden des Wortes »Gott« durch Interjektionalisierung

Der Gesprächskontext dieses Fallbeispiels ist eine Alltagssituation (Fußpflege) ohne direkten religiösen/spirituellen Bezug. Von der kirchlichen Feier werden keine thematischen Details berichtet, sondern es geht nur um die beteiligten Personen: die Tochter, die Pastorin, den Enkel und sein Verhalten nach der Taufe, den Schwiegersohn und seinen Beitrag zur musikalischen Gestaltung. Im Rahmen des Smalltalks ist kein Platz für religiös-spirituellen Deep Talk. Im Rahmen des Berichts über den Ellenbogenbruch des Ehemanns von Frau FA taucht dann wiederholt das Wort »Gott« auf, das im übrigen Transkript nicht vorkommt, nicht einmal beim Bericht über die Taufe: bei der emotional-erstaunten Reaktion von AC (96), bei FAs Entwarnung (»gott sei dank so n ganz (.) einfacher unkomplizierter bruch«, 99), bei ihrer Befürchtung größerer eigener Belastungen (121) und bei der abermaligen Entwarnung (»ja das war dann gott sei dank doch nich der fall«, 125).

In diesem Fallbeispiel wie allgemein in der Alltagssprache scheinen religiöse Anredeformeln wie »Oh Gott«/»oje« der Säkularisierung von Sprache und Kultur zu trotzen. Diese verborgene Präsenz Gottes in Interjektionen und alltäglichen Redensarten kann man in der Tradition der jüdischen Mystik als Selbstkontraktion und Hinterlassen einer Leere (*Zimzum*) (Jonas, 1984/2014; Neumann, unveröffentlicht-b) verstehen. Zudem empfinden viele Menschen die göttliche Sphäre als Tabubereich (Gondek & Szczęk, 2013). Der jüdische Philosoph Emmanuel Levinas bezieht diesen Gedanken auf die Selbstäußerung Gottes (Kenosis) im Neuen Testament (Frick, 2019). Auf den ersten Blick haben die besprochenen alltagssprachlichen Verwendungen des Lexems »Gott« wenig mit Religion und Spiritualität zu tun. In linguistischer Hinsicht haben wir es mit einem gestuften Interjektionalisierungsprozess zu tun, der von einer Anrede Gottes (»Stoßgebet«) zu einer inflationären Redeweise führt, in welcher der Gottesbezug weitgehend unbewusst wird:

Der kirchliche Kontext (Taufwasser) und die Fußpflege-Praxis (Fußbad) sind getrennte Lebensbereiche, in denen dasselbe Lexem »Gott« sehr unterschiedlich verwendet wird. Aus ursprünglichen referenziellen Ausdrü-

---

https://www.dwds.de/r/?q=oh%20Gott&corpus=spk&format=full&p=2&sort=date_desc&limit=50, *abgerufen am 27. 07. 2023.*

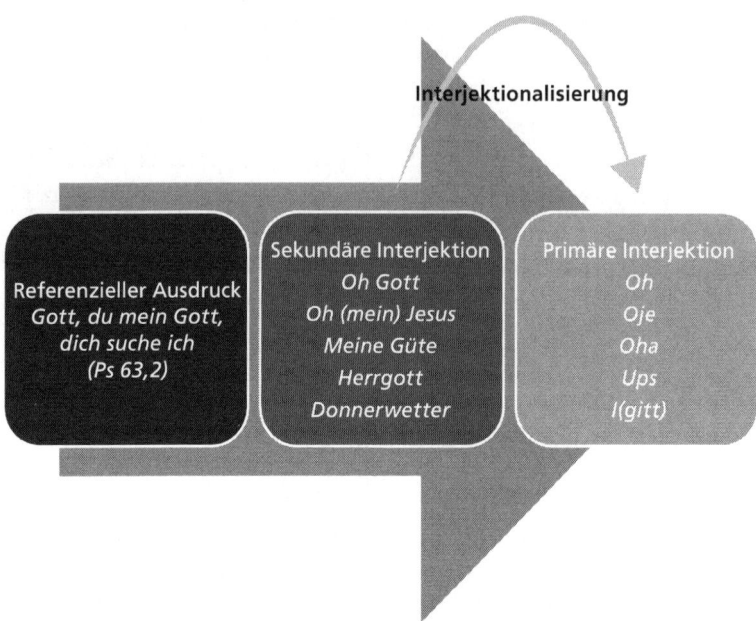

Abb. 4.2: Prozess der Interjektionalisierung: Entstehung der primären Interjektionen als kontextneutraler Gefühlsausdruck aus auf Gott bezogenen (referenziellen) Ausdrücken

cken, wie sie bei kirchlichen Feiern oder in Gebeten (z. B. Ps 63,2 [▶ Abb. 4.2]) vorkommen, werden sekundäre Interjektionen, in welchen der religiöse Bezug noch erkennbar ist. Dieser verschwindet durch Interjektionalisierung/Verblassen zur primären Interjektion. Primäre oder eigentliche Interjektionen dienen dem Gefühls- oder Empfindungsausdruck, sekundäre sind näher an einer referenziellen Situation (Balnat & Kaltz, 2008). Der Satz 096 wird durch die Interjektion »oh« eingeleitet und abgeschlossen. Die Lexeme »mein go[tt ach]« unterstreichen die von AC geäußerte Emotion. In dem vom Institut für Deutsche Sprache bereitgestellten Video werden zusätzlich Frau ACs Prosodie und ihre Gestik dokumentiert (kinästhetische Empathie/investigatory posture: fasst sich an den rechten Ellenbogen und zieht die Schultern zusammen).

Die von Frau AC gebrauchte Interjektion »Oh mein Gott« ist unverkennbar vom amerikanisch-englischen Sprachgebrauch (»oh my God«, in

4.5 Unbewusstwerden des Wortes »Gott« durch Interjektionalisierung

sozialen Medien als OMG abgekürzt) beeinflusst. Eine nordamerikanische Studie (Tagliamonte & Jankowski, 2019) belegt, dass vor dem Zweiten Weltkrieg gängige euphemistische Umschreibungen dieses Ausrufs durch religiöse Schwör- und Fluchverbote normiert waren. Die Baby-Boomer-Generation und v. a. Gebildete und Frauen seien unbefangener im Gebrauch des Wortes »God«, auch im Slang und in sexuellen Kontexten. Bei »oh my God«, der häufigsten Wortgruppierung mit »God«, sei außerdem ein Verblassen der ursprünglichen Bedeutung hin zum Gebrauch als reines Füllwort bzw. Diskursmarker zu beobachten.

Bei religiösen Vokativen werden die Angesprochenen in »imaginärer interpersonaler Anrede« (Reisigl, 1999, S. 214) ausgewählt und genannt. Die himmlischen Adressaten werden geduzt, um angesichts der einseitigen Kommunikation und der physischen Abwesenheit der Adressaten durch einen »optischen und akustischen Einwegspiegel« »wenigstens auf horizontaler Achse eine, wenngleich unidirektionale, intime, persönliche Beziehung zu etablieren«. Die Sprechenden wenden sich vom Primärpublikum ab und richten sich an ein im physischen Sinne abwesendes, himmlisches oder auch höllisches Auditorium. Echte Vokative (Oh Gott, Madonna!, Jesus! usw.) werden nach Reisigl zu »apostrophischen«, wenn sie eine »profane Karriere« machen, ihre ursprüngliche referenziell-propositionale Bedeutung verlieren und in ihrer neuen Funktion als Sekundärinterjektionen lexikalisiert werden. Reisigl (1997) zufolge besteht zwischen den wörtlichen Bedeutungen und den diskursiven Funktionen der sekundären Interjektionen eine Opazitätsbedingung, d. h., der Zusammenhang zwischen der lexikalischen Bedeutung und den emotiv-evaluativen und expressiv-appellativen Funktionen ist unklar. Im Südtiroler Dialekt können sekundäre Interjektionen religiösen Ursprungs aus dem Italienischen übernommen werden. So sagt ein junger Mann zu seinem Freund: »zafri:dn schaugn sie aus deine Eiltrn madounna« (zufrieden schauen sie aus deine Eltern Madonna: Reisigl, 1997, S. 102).

Als sekundäre Interjektionen gebrauchte apostrophische Vokative haben dann auch eine »malende«, überraschte, verblüffte, häufig auch negativ bewertende Funktion. Reisigl beobachtet, dass unechte apostrophische Vokative in bedrohlichen Situationen als echte Vokative (d. h. als Stoßgebete) auftreten, weil sich Spuren des semantischen Ausgangsfeldes in säkularen Kontexten erhalten haben. Folglich sind plötzliche Gebete um

Hilfe in einer misslichen Lage nicht selten (»Not lehrt beten«), gelegentlich auch als Bedürfnis, eine Heilige, ein Heiliger oder ein anderer Mensch solle »für mich beten« (Büssing & Frick, 2021). Zu ergänzen ist: Das Individuum weiß meist nicht, dass es sich im Gebrauch eines (unbewussten) apostrophischen Vokativs nicht nur vom Primärpublikum, sondern auch von Gott abwendet, dessen Namen es im Munde führt. Auch der Mechanismus der Rückverwandlung eines apostrophischen Vokativs in ein »echtes« Gebet stellt eine Wiederkehr des Verdrängten dar, die nur in einem Teil der Fälle durch die begleitenden Emotionen der Angst oder Überraschung bewusst wird (Beispiele für kommunikative/exklamative Formeln mit der Komponente »Gott« in: Gondek & Szczęk, 2013).

Stock (2011, S. 67) nennt »Gott«, bevor es ein Name oder gar ein Begriff wurde, einen »Ausruf, einen ›Affektlaut‹«, in dem Menschen zum Ausdruck bringen, »dass ihre Empfindung mit dem Lauf der Welt in Spannung geraten ist, dass das Weltkontinuum sich ungewöhnlich verdichtet hat oder unerwartet gerissen ist«. Dies wird besonders deutlich in emotional aufgeladenen Gesprächen, die sich manifest an ein menschliches Gegenüber, latent an Gott wenden wie in dem folgenden Beispiel (Bericht über eine erlittene Panikattacke, Günthner, 2006):

387	Lena:	mit meim ER VIER (0.8)
388		<<f> plötzLICH> (0.5)
389		krieg i so en anFALL,
390		**also oifach HEIß**,
391		**WACKelig**, (0.3)
392		**ZITTrig**, (0.3)
393		oh no hab i denkt,
394		oh GOTT was isch [JETZT]

Kierkegaard (1849) bezeichnet die Interjektion als den »Gottesdienst des Fatalisten«, der in seiner stummen Unterwerfung nicht beten könne. Der fatalistische, schicksalsergebene oder mit dem Schicksal hadernde Mensch versucht, einen »Schicksalsschlag« durch die Nennung einer anonymen und nicht kontrollierbaren Instanz zu verarbeiten, etwa des Universums. Religionsgeschichtlich konnte das Schicksal als Gruppe von Gottheiten angesprochen werden (die Moiren, die Parzen), die in ihrer Autorität

4.5 Unbewusstwerden des Wortes »Gott« durch Interjektionalisierung

höher stehen als Götter und Menschen. Im Zuge der Säkularisierung verschwand dieser religiöse Bezug zu Schicksalsmächten nach und nach. Der Atheismus und der Schicksalsbezug wachsen proportional (Frick, 2015b). Der als Wort gebrauchte Vokal »O« kann sowohl vor der angesprochenen Person stehen als auch für sich allein (als Interjektion). Die im Schriftdeutschen mögliche Differenzierung zwischen dem »Oh« der ungerichteten Interjektion und dem »O« als Vokativpartikel ist in der gesprochenen Sprache nicht hörbar. Die Interjektion bietet die sprachliche Möglichkeit, einen situativen, emotionalen oder gedanklichen Kontext zu verdichten und auszudrücken. Je nach Situation kann das »O« eine Überraschung, eine Kontinuitätsunterbrechung, Freude, Dankbarkeit, Trauer usw. ausdrücken. Dies kann zwar ein isolierter Ausruf der sprechenden Person sein. Im Allgemeinen handelt es sich jedoch bei der Interjektion zugleich um eine Interaktion: Mein Gefühlsausdruck wird von der anderen Person gehört, findet bei ihr eine Resonanz, ist ein mitgeteilter und geteilter Gefühlsausdruck.

Civitarese (2019) erinnert daran, dass die Partikel O in vielen Sprachen einen Vokativ einleitet, also die Zweite-Person-Perspektive einer Anrede oder Anrufung. Als vieldeutige Interjektion kann O also nicht nur für sich allein stehen und eine Emotion der sprechenden Person ausdrücken. Sie ist vielmehr auch Teil des gesprochenen oder geschriebenen Textes, wird also von einer anderen Person gehört oder gelesen. Diese Zweite-Person-Perspektive wird ausdrücklich, wenn O Teil einer Vokativkonstruktion ist.

Ausgehend von der griechischen Antike unterscheidet Sadowski (2022) den vokativischen vom rituellen O-Gebrauch. Letzterer kommt zum Beispiel im »O« des Chores zum Ausdruck, das sich weder unmittelbar an den Protagonisten noch an das Publikum wendet, sondern die Unvermeidlichkeit des Schicksals und die tragische Verstrickung durch ein »Stöhnen« kommentiert, das über die Einzelsituation hinausgeht.

Jeder Text setzt jenseits einer in ihm direkt angesprochenen Person einen »Überadressaten« voraus, eine dritte Person, deren »absolut richtiges Verstehen entweder in metaphysischer Ferne oder in ferner historischer Zeit« mit »größerer oder geringerer Bewusstheit« vorausgesetzt wird (Bachtin, 1959/1990, S. 485). Dieser »Hintertüradressat« und sein idealgetreues antwortendes Verstehen kann als Gott, absolute Wahrheit, Urteilsspruch des Gewissens, der Wissenschaft usw. bezeichnet werden.

4.6 Wofür steht Bions »O«?

Unter den Psychoanalytikern der zweiten Generation ist Wilfred Ruprecht Bion derjenige, der sich am entschiedensten und am klarsten der mystisch-spirituellen Dimension des Seelenlebens öffnet. Gemeinsam mit seinem Analysanden Samuel Beckett begegnet er Jung bei seinen Tavistock Lectures in London (1935). Bis heute ist Bions formelhafter Ausdruck »O« auch in der Psychoanalyse umstritten. Dies mag auch damit zusammenhängen, dass er für das Unbestimmte steht und eine schier unbegrenzte Zahl von Assoziationen zulässt, was Bion möglicherweise intendierte (Crepaldi, 2013; Schmiedl-Neuburg, 2024). Soviel dürfte feststehen: Bion bezeichnet mit »Faith in O« keine religiöse, sondern eine wissenschaftliche Geisteshaltung, einen unerreichbaren Grenzwert und doch unbedingt vorauszusetzenden Ursprung des Wissens: O ist der Nullpunkt seines Koordinatensystems des Denkens, ausgespannt hinsichtlich des Entwicklungsstands sowie des Komplexitäts- bzw. Abstraktionsgrads einerseits (y-Achse) und hinsichtlich des Verwendungskontexts andererseits (x-Achse):

> (O) steht für die absolute Wahrheit in einem jeden und eines jeden Objekts; wir nehmen an, dass O für kein menschliches Wesen (er)kennbar ist […], seine Präsenz kann erkannt und empfunden, aber es kann nicht gekannt werden. Es ist möglich, mit ihm eins zu sein. Dass es existiert, ist ein Grundpostulat der Wissenschaft, aber es kann nicht wissenschaftlich entdeckt werden. Ohne die Anerkennung seiner Existenz, ohne Eins-sein mit ihm und ohne seine Evolution ist keine psychoanalytische Entdeckung möglich. Wahrscheinlich ist es den religiösen Mystikern noch am besten gelungen, der Erfahrung von O Ausdruck zu verleihen. Seine Existenz ist für die Wissenschaft ebenso essentiell wie für die Religion. Umgekehrt ist der wissenschaftliche Ansatz für die Religion ebenso unverzichtbar wie für die Wissenschaft […] (Bion, 1970/1975, S. 29, zit. nach Lazar, Oechslen & Jörgensen, 2016, S. 64).

Bion bezeichne, so Lazar mit Sandler, mit der »quasi-mathematischen Notation« ›O‹ den »numinosen Bereich nicht-sinnlicher Erfahrung«, Kants »Ding-an-sich« (Crepaldi, 2013), die »Idealformen« Platons. »Faith in O« sei ein essentielles Postulat der Wissenschaft, das allerdings mit wissenschaftlichen Mitteln *nicht* entdeckt werden könne (Lazar, Oechslen & Jörgensen, 2016, S. 65f.).

4.6 Wofür steht Bions »O«?

It is in my view a scientific statement because for me »faith« is a scientific state of mind and should be recognized as such. But it must be »faith« unstained by any element of memory or desire (Bion, 1970/1975, S. 31).

Grotstein (2007, S. 315–318 [Kap. 30]) veranschaulicht das interaktionelle Geheimnis des analytischen »Glaubens« am Beispiel der Wiederbegegnung des analytischen Paares nach einem Wochenende oder nach einer längeren Pause. Einseitig, patientenseitig, kann entweder die Tendenz der Analysandin beobachtet werden, im Analytiker ein böses, verlassendes Objekt zu imaginieren (fehlender oder negativer Glaube) oder aber die Abwesenheit eines guten Objektes zu betrauern (positiver Glaube, denkende Erwartung der analytischen »Brust«).

Worin besteht nun das Wunderbare am analytischen Glauben? Wenn die Analytikerin sich ihrerseits (ohne »memory or desire«) dem Glauben öffnet, kann sie vertrauensvoll und im tagträumerischen Zustand der »rêverie« ihrem Patienten zuhören und darauf warten, dass sich ein At-Onement (Wortspiel mit atonement/»Versöhnung« und one/»eines«) mit O konstelliert.

Die analytischen Pausen zwischen den einzelnen Sitzungen und die Unterbrechungen durch Wochenenden, Krankheiten und Urlaube sind unvermeidliche Abwesenheiten des elterlichen analytischen Objekts, mit anderen Worten: Verwundungen, die dem Patienten zugefügt werden müssen. Diese Verwundungen für die Therapie zu nutzen, zu verwandeln, gehört zur Dynamik des Heilungsarchetyps (Frick, 2015a).

Zweifellos: Mit der Opazität von O hat Bion der Psychoanalyse einen »Strahl intensiver Dunkelheit« (Grotstein, 2007) hinterlassen. Diese Opazität kann nicht durch Erkenntnis oder Definition (Knowledge »K«) aufgehellt, sondern nur durch Faith angenommen werden. Es ist letztlich nicht zu klären, warum Bion sich für den Buchstaben O entschied und nicht z. B. wie Erich Fromm für X als möglichen Platzhalter für etwas Unbekanntes. Nach Grotstein (2007, S. 106) und Maier (2014) wählte Bion »O« deshalb als Begriff für »ultimate reality«, weil das Zeichen O einen Kreis darstellt und somit eine Umgrenzung respektive ein Containment, was Jungs therapeutischem »Vas hermeticum« entspricht. Bion hatte Jungs diesbezügliche Gedankengänge während der Tavistock Lectures kennengelernt.

»Faith in O« adressiert in erster Linie die therapeutische Beziehung, als Vokativ verstanden also das jeweilige Gegenüber im therapeutischen Paar oder auch in der psychoanalytischen Gruppe. In transpersonaler Perspektive vertraut das analytische Paar/die Gruppe nicht nur auf das jeweilige Gegenüber, sondern auch auf den Rahmen, in dem Wissen, dass das analytische Projekt nicht nur von Individuen abhängt, sondern auch eine kollektive Dimension hat: professionelle, ethische, organisatorische Standards. Eine verwandte Formulierung für das hier Gemeinte ist das »epistemische Vertrauen« (Patrick et al., 2012). Anknüpfend an die frühe seelische Entwicklung vertrauen Patient und Analytikerin gemeinsam auf die Kraft des analytischen Settings als den entscheidenden Heilungsfaktor. All dies gilt auch, wenn »Faith in O« in die Krise gerät, durch Misstrauen, Verlustangst, Trauer, Entwertung des abwesenden Objekts, z. B. wenn der Patient seine Analytikerin während/wegen deren längerer Abwesenheit abwertet.

Zwei Grenzkonstellationen sind in diesem Zusammenhang zu bedenken, die auch dann mitschwingen und die inneren Bilder prägen können, wenn sie nicht bewusst und ausdrücklich sind. Die erste Konstellation ist der Tod des analytischen Gegenübers, also der Tod der Analytikerin oder der Tod des Analysanden, letzteres womöglich im Zusammenhang mit dem Behandlungsanlass, also z. B. Versterben durch Suizid, durch Anorexie oder durch eine schwere körperliche Krankheit, die psychotherapeutisch (mit-)behandelt wurde. Es kann sich jedoch auch um Todesursachen handeln, die nichts mit der Therapie zu tun haben – jedenfalls nicht auf den ersten Blick: Krankheit, Unfall, Krieg oder Gewalt. All diese Todesursachen stehen als mögliche und damit fantasierbare Verlustvarianten im Raum, wenn das analytische Paar mit Phasen der Trennung und Abwesenheit umgehen muss. Meist bleiben sie unbewusst, aber sie können durch Krankheit, Alter oder die Dauer der Trennung ins Bewusstsein drängen.

Die zweite hier zu bedenkende Grenzkonstellation ist der Bezug zum göttlichen Objekt, das als abwesend oder anwesend erlebt werden kann oder als repräsentiert durch das Gottesbild als Übergangsobjekt (▶ Kap. 6) oder »inkarniert« in Form der leibhaftigen Analytikerin (Lazar, 2003). Winnicott führt die Feier des Abendmahls (Eucharistie) als Beispiel für ein kollektives Übergangsobjekt an. In ähnlicher Weise deutet auch de Certeau

(Certeau, 1982/2010) die Entstehung der christlichen Gemeinde und der Eucharistie aus der Urtrauer über den abwesenden Jesus, und zwar hinsichtlich seines Todes, seines Entzogenseins als Auferstandener und seiner »Himmelfahrt«, d. h. seiner Rückkehr zum »Vater im Himmel«. Bions »Faith in O« kann in diesem Zusammenhang als ein Glaube aus der Urtrauer verstanden werden, also die Verbundenheit mit einem entzogenen und geliebten Objekt.

Bion legt Wert darauf, dass »Faith in O« eine wissenschaftliche Haltung ist. Dies bedeutet in therapeutischer Hinsicht, offen (ohne »memory or desire«) für die verschiedenen Fantasien hinsichtlich der Abwesenheit zu sein: Abwesenheit nicht nur des Analytikers oder der Analytikerin, sondern auch Gottes.

Ist es ein Zufall, dass Bions Wahl auf den Buchstaben O fällt, und dass genau dieser Buchstabe im Garnrollenspiel von Freuds Enkel Ernst als »bedeutungsvolles o-o-o-o« auftaucht, um Kummer, Schmerz, Trauer über das Verschwinden der Holzspule auszudrücken, im mehrfachen Wechsel mit dem freudigen »Da« des Wiederkommens (Freud, GW 13, S. 12f.)?

> Dabei brachte es mit dem Ausdruck von Interesse und Befriedigung ein lautes, langgezogenes *o-o-o-o* hervor, das nach dem übereinstimmenden Urteil der Mutter und des Beobachters keine Interjektion war, sondern »Fort« bedeutete. Ich merkte endlich, dass das ein Spiel sei, und dass das Kind alle seine Spielsachen nur dazu benützte, mit ihnen »fort sein« zu spielen.

Zusammenfassend lässt sich zu Bions »O« sagen: Das analytische Paar kann diese transzendente Wirklichkeit nicht festhalten, wohl aber im Rhythmus von Begegnung und Trennung die Dynamik der Trauer erleben. Im klassischen psychoanalytischen Denken gehen wir davon aus, dass sich im Patienten ein »Introjekt« der Analytikerin bildet, also ein bleibendes Erinnerungsbild der therapeutischen Interaktionen mit ihr. Hinsichtlich der Gegenübertragung müssen wir auch von einem Patienten-Introjekt in der Analytikerin ausgehen. Stirbt die Analytikerin, dann wird der Patient auf das Introjekt der Analytikerin zurückgeworfen, die er schmerzlich vermisst. Durch Erinnerung, innere Dialoge, Übergangsobjekte versucht er, ihre Abwesenheit zu verschmerzen.

Trauer kann entweder zum seelischen Wachstum durch Verschmerzen des Objektverlustes führen oder in die Verzweiflung münden, die im Extremfall traumatisch sein kann. Weder im Zusammenleben mit anderen Menschen noch im spirituellen Leben steht für derartige Krisen immer eine Lösung oder Wiedergutmachung bereit. Deshalb gehört auch die Auseinandersetzung, das Kämpfen gegen den erlittenen oder fantasierten Verlust zur seelischen Entwicklung. So kämpft auch der biblische Hiob mit dem Gott, den er nicht lassen will – archetypisches Vorbild für alle mit Gott ringenden Menschen.

Die Art und Weise, wie Trauernde (nicht nur innerhalb der Psychoanalyse) nahestehende Verstorbene berühren (um den Tod zu begreifen), ansprechen, von ihnen träumen, verweist auf die »gut begründete Annahme einer spirituellen Repräsentanz« (Huber, 1998). Abschiedlichkeit heißt, dass wir »von Geburt an abschiedskundig« (Metz, 2021) sind. Abschiedliche Spiritualität ist »das spürende und über sich nachdenkende Sich-in-Beziehung-Setzen zum Nicht-mehr-selbst-Sein« (Huber, 1990, S. 188). Der »Ort« (oder besser mit Foucault: der Ander-Ort), wo auch säkulare trauernde Menschen die Toten lokalisieren, ist der Himmel. Über die individuelle Trauer um eine verstorbene Person hinaus ist lebendige Spiritualität lebenslang abschiedlich: Sie braucht die »Urtrauer« (Westerink, 2010), um sich von vielfältigen Vertröstungen aufs Diesseits zu lösen und die Spuren der Transzendenz in der eigenen Geschichte mit anderen zu finden.

5 Hiobsbotschaften und göttliches Drama

5.1 Das biblische Hiobbuch

Unter einer »Hiobsbotschaft« versteht man eine schlechte oder sogar eine Unglücks- oder Schreckensnachricht. Der biblische Hiob muss die folgenden Botschaften entgegennehmen: Seine Rinder, Esel und Kamele wurden geraubt, Schafe und Knechte getötet, auch seine Söhne und Töchter kamen um (Hiob 1). Er selbst wird mit bösartigem Geschwür von der Fußsohle bis zum Scheitel geschlagen (Hiob 2).

Eine Antwort finden Hiobs Klagen nicht in den gelehrten Reden seiner Freunde, sondern in den Gottesreden in Hiob 38–42,6. Die Redakteure des Buches verwenden an dieser Stelle in auffälliger Weise Gottes »Eigennamen«: Der Nichtisraelit Hiob ruft nach Gott, und es antwortet JHWH, der Gott Israels. Der Wechsel von der Gottesbezeichnung (Gattungsnamen) zum Gottesnamen leitet Hiobs Wandlung vom Glauben zum Schauen ein (Schwienhorst-Schönberger, 2007, S. 221): »Vom Hörensagen nur hatte ich von dir gehört, jetzt aber hat mein Auge dich geschaut« (Hiob 42,5).

Das biblische Buch Hiob verknüpft die Frage des Leids mit der Gottesfrage, modern gesprochen: mit der Theodizee:

Überblick über das biblische Buch Hiob (Oeming, 2014)

1+2 Prolog: Hiobs Glück – himmlische Ratsversammlung – Hiobs Unglück (in Prosa)

3: Hiobs Verfluchung seines Geburtstags (in Poesie)

5 Hiobsbotschaften und göttliches Drama

- 4–27: drei Dialoge (in Poesie)
  - Streitreden zwischen Hiob und seinen drei Freunden: Hiob mit Elifas von Teman
  - Hiob mit Bildad von Schuach. Hiob mit Zofar von Naama
  - 28: Lied der Weisheit (nur Gott kennt den Ort der Weisheit)!
- 29–41: drei Monologe (in Poesie)
- 29–31: 1. Monolog: Selbstverteidigung Hiobs (Anklage Gottes)

32–37: 2. Monolog: Elihu-Reden (Verteidigung Gottes durch Elihu)

38–41: 3. Monolog: Gottesrede (Selbstverteidigung Gottes)

- 42,1–6: Hiobs Widerrufung der Verfluchung (in Poesie)

42,7–17: Epilog: Wiederherstellung von Hiobs Glück (wieder in Prosa)

Die Gottesfrage wird nicht akademisch gestellt und bearbeitet. Sie besteht innerbiblisch im Schrei des leidenden und klagenden Hiob und in den Resonanzen der verschiedenen Akteure des Buches darauf. Im Lauf der Auslegungstradition und auch in der Vielfalt der aktuellen Rezeption sind dann von Seiten der Leser und Interpretatorinnen verschiedene Formen der Sympathie, also des Mitleidens und Mitschwingens möglich, je nachdem, welcher der Akteure als »Sympathieträger« (Oeming, 2014) bevorzugt wird:

- Christliche Tradition: *Hiob* als der »Held«, an dem man sich ein Beispiel nehmen soll (zumeist allerdings am demütigen Hiob der Rahmenerzählung, vgl. Jak 5,11).
- Jüdische Tradition: die *Freunde* als Verteidiger Gottes, insbesondere Elihu. Hiob ist hier der eher unsympathische, hochmütige, blasphemische Fremde.
- Moderne Lesarten: *Satan*. Mit seinen Zweifeln und Hinterfragungen, ja sogar mit seinen grausamen Tests ist er es, der die Geschichte fruchtbar in Gang hält.

- Jung: *Gott* muss etwas lernen: »Hiob ist nicht mehr als der äußere Anlaß zu einer innergöttlichen Auseinandersetzung« (Jung, 1952, S. 24). »J.s Doppelnatur ist offenbar geworden, und jemand oder etwas hat sie gesehen und registriert. Eine derartige Offenbarung [...] konnte nicht ohne Folgen bleiben« (ebd., S. 32).

5.2 Vom biblischen Hiobbuch zu Jungs »Antwort auf Hiob«

Für C. G. Jung ist der Sympathieträger also Gott selbst – was allerdings nicht heißt, dass Gott Jung sonderlich sympathisch wäre. Dennoch darf die emotionale Hitze, die aus Jungs Hiobbuch spricht, nicht darüber hinwegtäuschen, dass es sich hierbei um eine Individuationsgeschichte handelt, um eine Gottesentwicklung, die Jung in loser Bezugnahme auf die Glaubensgeschichte der Menschheit nacherzählt. Wer Jungs Buch »Antwort auf Hiob« zur Hand nimmt, um einen Kommentar zum biblischen Buch Hiob zu studieren, wird möglicherweise enttäuscht werden: Das Werk verknüpft ein synchrones Narrativ (das heutige Gottesbild vor dem Hintergrund der jüdisch-christlichen Tradition) mit einem diachronen (das göttliche Drama: die Individuationsgeschichte des Gottes Israels). Beide Narrative sind so verknüpft, dass bald der eine Faden, bald der andere unsichtbar wird. Zu Beginn ist noch nicht klar, dass die »Antwort« auf Hiobs Klagen für Jung außerhalb des literarischen Zusammenhangs des biblischen Hiobbuches liegt. Beim Lesen stellt sich heraus, dass die Hiobgeschichte nur *eine* Episode in der Geschichte des Gottes Israels darstellt, allerdings die entscheidende, nämlich die Krise seiner Unbewusstheit durch den Neid auf Hiobs Individuationsweg, das Wiederentdecken seiner eigenen weiblichen Seite und der göttliche Entschluss zur Inkarnation in Jesus Christus (Menschwerdung). Darin liegt für Jung die »Antwort auf Hiob«:

Der Entschluss J.s, Mensch zu werden, ist ein Symbol für jene Entwicklung, die einsetzen muß, wenn dem Menschen bewußt wird, mit was für einem Gottesbild er konfrontiert ist. Der Gott wirkt aus dem Unbewußten des Menschen und zwingt diesen dazu, die beständigen gegensätzlichen Einflüsse, denen sein Bewußtsein von Seiten des Unbewußten ausgesetzt ist, zu harmonisieren und zu vereinen (Jung, GW 11, § 740).

Auf dem erwähnten Grabstein der Familie Jung (► Abb. 5.1) steht nicht nur das Orakelwort aus Delphi (horizontal oben und unten), sondern auch die lateinische Übersetzung eines Zitats aus 1 Kor 15,47 (vertikal): PRIMUS HOMO DE TERRA TERRENUS/SECUNDUS HOMO DE CÆLO CÆLESTIS[3]: Dieses Pauluszitat stellt die Schöpfung des ersten Menschen (*'adam* aus der Erde/*'adamah*) der Menschwerdung Gottes in Jesus Christus gegenüber. In der Logik von Jungs Hiobbuch wird damit die Erschaffung des Menschen mit der Antwort auf Hiob parallelisiert, wie Jung sie versteht: Nämlich mit der Menschwerdung Gottes.

C. G. Jung löste mit seinem Hiobbuch einen Proteststurm aus, den seine Frau Emma gern vermieden hätte, obgleich sie mit dem Inhalt einverstanden war, wie sich Jungs jüngste Tochter Helene erinnert:

> Meine Mutter wirkte immer mäßigend, weil der Vater zu starken Pendelausschlägen neigte, er hatte eine Neigung zu übertreiben. Die Mutter hatte in der Familie die Funktion, die Mitte zu bewahren, zum Glück für uns Kinder (Hoerni-Jung, 2009, S. 235).

Das Buch ist von einer Polemik geprägt, die sich vor allem in seinem »leichten und schmissigen« Stil (Rudin, 1953), in seiner *désinvolture* (Lockerheit, Ungeniertheit, Respektlosigkeit, Nonchalance: Lévy-Valensi, 1991) im Umgang mit dem Gottesnamen zeigt. Dies besonders dann, wenn er den Gott Israels als grausam und amoralisch darstellen möchte, wenn er sich also auf das »alte« Testament bezieht, d. h. auf die Zeit *vor* der Menschwerdung Gottes in Jesus (Lévy-Valensi, 1991, S. 51; S. 66). Im jüdischen Kontext ist der Gottesname unaussprechlich. Seine Konsonanten

---

3 Lat. Übersetzung von 1 Kor 15,47: »Der erste Mensch ist von der Erde und irdisch; der zweite Mensch ist vom Himmel und himmlisch«, eine Anspielung auf die Erschaffung des ersten Menschen auf der Töpferscheibe: »Da machte Gott der HERR den Menschen (hebr. *'adam*) aus Erde (hebr. *'adamah*) vom Acker und blies ihm den Odem des Lebens in seine Nase. Und so ward der Mensch ein lebendiges Wesen« (Gen 2,7). Die deutsche Übersetzung »lebendiges Wesen« lässt den Bezug zur hebr. *næfæš* (Seele, Kehle) nicht mehr erkennen, in der gr. Bibel übersetzt mit *psyché*.

5.2 Vom biblischen Hiobbuch zu Jungs »Antwort auf Hiob«

Abb. 5.1: Grabstein der Familie Jung (schematisch)

JHWH werden nicht vokalisiert oder aber mit *adonai* (»der Herr«) oder *haschem* (hebr. »der Name«) umschrieben. Nach Lévy-Valensis Vorschlag kürzen wir deshalb den von Jung inflationär gebrauchten Gottesnamen jeweils mit »J.« ab.

»Antwort auf Hiob« ist ein zugleich spirituelles als auch blasphemisches, ein zugleich persönlich-biografisch als auch kollektiv-geistesgeschichtlich bedeutungsschweres Buch. Jung erlebt sich im Prozess des Schreibens im Kampf mit Gott, wie Jakob an der Jabbok-Furt, der mit dem dunklen Anderen kämpft, um ihm seinen Segen abzuringen. »Als der Mann sah, dass er ihm nicht beikommen konnte, schlug er ihn aufs Hüftgelenk. Jakobs Hüftgelenk renkte sich aus, als er mit ihm rang« (Gen 32,26):

> Ich habe kein Verdienst noch eigentlich Schuld an diesem Buch, denn ich kam dazu »wie der Hund zum Tritt«, wie wir zu sagen pflegen. Und der kleine moralische Feigling, der ich bin, jammert weiter: warum soll immer ich derjenige sein, der alle Püffe einsteckt? Ich sage Ihnen diese Dinge, weil Sie freundlich, gerecht und nachsichtig mit mir waren. Das Attribut »grob« ist noch milde im Vergleich zu dem, was man fühlt, wenn Gott einem die Hüfte ausrenkt oder wenn er den Erstgeborenen erschlägt. Ich wette, daß Jakobs Hiebe, die er dem Engel versetzte, nicht gerade Liebkosungen waren oder höfliche Gesten. Sie waren von der rechten harten Art, wie Sie richtig sagen: »ohne Handschuhe«. Das

ist eine Seite meiner Erfahrung dessen, was »Gott« genannt wird. »Grob« ist ein viel zu schwaches Wort. »Roh«, »gewalttätig«, »grausam«, »blutig«, »höllisch«, »dämonisch« wäre besser. Daß ich nicht geradezu blasphemisch wurde, verdanke ich meiner Zivilisiertheit und meiner höflichen Feigheit. Und bei jedem Schritt fühlte ich mich durch eine beseligende Vision zurückgehalten, von der ich besser nichts sage (Jung an Rev. Erstus Evans, 17.3.1954).

Das Vorwort des Buches (»lectori benevolo«: dem wohlwollenden Leser) beginnt mit einem (allerdings unvollständig wiedergegebenen) Vers aus der Totenklage Davids um Jonatan: »Weh ist mir um dich, mein Bruder Jonatan. Du warst mir sehr lieb. Wunderbarer war deine Liebe für mich als die Liebe der Frauen« (2 Sam 1,26). Die Frage liegt nahe, um welchen Verlust Jung hier trauert, wen er bedauert, wen er mit dem Appell an das Wohlwollen um Entschuldigung bittet: Die wohlwollenden Leserinnen und Leser? Seinen Pfarrer-Vater? Seinen väterlichen Freund Sigmund Freud? Oder aber sich selbst, in der spirituellen Suche, nachdem er religiös heimatlos geworden war?

Zum Teil liegt der heftige Widerstand gegen Jungs Buch vielleicht auch an seiner Kühnheit, gegen vorherrschende theologische Prinzipien anzuschreiben. Ähnlich wie später Hans Jonas (Jonas, 1984/2014, S. 26) (der freilich ohne Jungs Polemik auskommt) legt Jung seinem Buch den Mythos des werdenden Gottes zu Grunde.

Jung parallelisiert die persönliche Individuation, die Konstellation der Ich-Selbst-Achse im Laufe des Lebens und das sich individuell und kollektiv ausprägende Gottesbild. Wegen dieser Parallele zwischen der individuellen Biografie und den kollektiven, archetypischen Zusammenhängen kann er auch eine »Biografie« Gottes entwerfen:

> Given this equivalence of the archetypes of the Self and of God, it is possible to read Answer to Job as an application to cultural forms of Jung's theory of individual development. In other words, what is, in terms of »ontogeny«, the development from an initial unconscious state, via the ego, to the Self, becomes, in terms of »phylogeny«, the development from the undifferentiated stage of the pleroma, via the unstable configuration of the God-image as Y. to the God-Man. According to Haeckel's »biogenetic law«, familiar to Jung, the development of the individual repeats the development of the species – »ontogeny recapitulates phylogeny« – and, in his Answer to Job, Jung interprets the history of humanity, from its pre-history to the present day, in terms of an unfolding »process of individuation«. Thus, Jung suggests in his Answer to Job, what appears as the

5.2 Vom biblischen Hiobbuch zu Jungs »Antwort auf Hiob«

incarnation of the divine to be a metaphysical process is, in psychological terms, the individuation process (CW 11 § 755). In diagrammatic form, we could represent the argument of Answer to Job as follows [...]. In effect, Jung's book could be re-titled as God: A Psycho-Biography (Bishop, 2014, S. 81).

In »Antwort auf Hiob« spricht Jung von Gott wie von einem realen Gegenüber, den er wie einen Patienten »behandelt«, für den man, käme er in die Praxis, »mühelos einen Kassenantrag schreiben könnte« (Lesmeister, 2014, S. 190). Jung beschreibt die Amoralität J.s:

> Die unberechenbaren Launen und verheerenden Zornanfälle J.s waren aber seit alters bekannt. Er erwies sich als eifersüchtiger Hüter der Moral; insbesondere war er empfindlich in bezug auf Gerechtigkeit. Er mußte deshalb stets als »gerecht« gepriesen werden, woran, wie es scheint, nicht wenig lag. Dank diesem Umstand, bzw. dieser Eigenart, hatte er eine *distinkte Persönlichkeit*, die sich von der eines mehr oder weniger archaischen Königs nur durch den Umfang unterschied. Sein eifersüchtiges und empfindliches Wesen, das mißtrauisch die treulosen Herzen der Menschen und ihre heimlichen Gedanken durchforschte, erzwang ein persönliches Verhältnis zwischen ihm und dem Menschen, der nicht anders konnte, als sich persönlich von ihm angerufen zu fühlen. [...] Vater Zeus ist zwar eine Gestalt, aber keine Persönlichkeit. J. hingegen lag es an den Menschen. Sie waren ihm sogar ein Anliegen erster Ordnung. Er brauchte sie, wie sie ihn brauchten. Dringlich und persönlich (Jung, GW 11, § 568).

Jung schreibt als »Therapeut« des Christentums und seines Gottes (Stein, 1996). Dieses quasipersonale *und* archetypische Gottesverhältnis trug zur Auseinandersetzung mit Martin Buber ebenso bei wie zu seiner verärgerten Gekränktheit, die einen Dialog mit dem jüdischen Dialogphilosophen unmöglich machte. Das Narrativ der göttlichen Psycho-Biografie ist in methodischer und historisch-wissenschaftlicher Hinsicht ein Parforceritt: Jung kompiliert Texte aus den verschiedensten Zeiten und unterschiedlichster Herkunft ohne Rücksicht auf die genannten Unterschiede, ordnet diese »auf einer Zeitachse an und deutet die historische Abfolge der Texte im Sinne einer zeitlich-historischen Entwicklung der Figuren und Ereignisse, von denen diese Texte handeln« (Lesmeister, 2014, S. 196).

Als weniger emotionale, gleichwohl aber genauso engagierte philosophische Parallele zu Jungs Hiobsbuch eignet sich wie schon erwähnt Jonas (1984/2014). Ebenso wie Jung zeichnet Jonas das Bild eines werdenden Gottes und distanziert sich damit vom Gottesattribut der Unwandelbarkeit. Er greift die Idee des *Zimzum* auf, also Kontraktion, Rückzug,

5 Hiobsbotschaften und göttliches Drama

Selbsteinschränkung, um Raum für die Welt zu schaffen. Die Idee des Zimzum, vergleichbar dem christlichen Gedanken der Kenosis, der Selbstentäußerung Gottes in seiner Menschwerdung (Frick, 2019), ist eine Bewegung, die in Gott selbst ihren Ursprung hat. Jung zufolge hängt der Individuationsweg Gottes damit zusammen, dass es im göttlichen Wesen Bewusstes und Unbewusstes gibt. Der Tiefpunkt göttlicher Unbewusstheit geschieht zum Zeitpunkt der Begegnung Gottes mit Hiob und seiner Auslieferung an Satan. Im engeren Sinn wird Hiob am Kreuz Christi geantwortet, mit dem verzweiflungsvollen Aufschrei am Kreuz: »Mein Gott, mein Gott, warum hast Du mich verlassen?«, mit dem Jesu menschliches Wesen Göttlichkeit erreicht (GW 11, § 647).

Der Titel »Antwort auf Hiob« kann also in zweifacher Weise verstanden werden: Einmal als Prozess, als »Psycho-Biografie Gottes« im Sinne Bishops, zum anderen punktuell, im Augenblick der tiefsten Entäußerung Gottes am Kreuz Jesu:

> Neben der Menschenliebe macht sich im Charakter Christi eine gewisse Zornmütigkeit bemerkbar, und, wie es bei emotionalen Naturen häufig der Fall zu sein pflegt, ebenso ein Mangel an Selbstreflexion. Nirgends findet sich ein Anhaltspunkt dafür, daß Christus sich je über sich selbst gewundert hätte. Er scheint nicht mit sich selber konfrontiert zu sein. Von dieser Regel gibt es nur eine bedeutende Ausnahme, nämlich den verzweiflungsvollen Aufschrei am Kreuz: »Mein Gott, mein Gott, warum hast Du mich verlassen?«. Hier erreicht sein menschliches Wesen Göttlichkeit, nämlich in dem Augenblick, wo der Gott den sterblichen Menschen erlebt und das erfährt, was er seinen treuen Knecht Hiob hat erdulden lassen. Hier wird die Antwort auf Hiob gegeben, und, wie ersichtlich, ist auch dieser supreme Augenblick ebenso göttlich wie menschlich, ebenso »eschatologisch« wie »psychologisch«. Auch hier, wo man restlos den Menschen empfinden kann, ist der göttliche Mythus ebenso eindrucksvoll gegenwärtig. Und beides ist eines und dasselbe. Wie will man da die Gestalt Christi »entmythologisieren«? Ein solcher rationalistischer Versuch würde ja das ganze Geheimnis dieser Persönlichkeit herauslaugen, und was übrig bliebe, wäre nicht mehr die Geburt und das Schicksal eines Gottes in der Zeit, sondern ein historisch schlecht beglaubigter religiöser Lehrer, ein jüdischer Reformator, der hellenistisch gedeutet und mißverstanden wurde – etwa ein Pythagoras oder meinetwegen ein Buddha oder ein Mohammed, aber keinesfalls ein Sohn Gottes oder ein menschgewordener Gott (GW 11, § 647).

Lévy-Valensi (1991, S. 60) kritisiert: *Diese* Antwort sei keine Antwort, sondern die Verdoppelung der Frage, indem das Leiden des Gerechten spiegelnd ins Unendliche verlängert wird. Jung verbleibe in der sadomasochistischen Projektion von Macht und Machtlosigkeit, eine wirkliche Verbindung zwischen Vätern und Söhnen sei auf dieser Stufe ebenso wenig erreicht wie eine »Reparatur« des Hiob zugefügten Leids (S. 73).

Damit ist allerdings weder Jungs Hiobbuch zu Ende noch das auf der Zeitschnur der Jahrhunderte aufgereihte Werden Gottes. Es ist eben eine Individuations*geschichte*, die deshalb in Fahrt kommt, weil der Schöpfer seinem Geschöpf die Bewusstwerdung neidet. Eine wichtige Station, die mit der Menschwerdung zusammenhängt, besteht darin, dass Gott wieder Kontakt zu seiner (abgespaltenen) weiblichen Seite bekommt, mit der Weisheit nämlich, die im Buch der Sprichwörter (8,30–31) sagt: »[…] als er die Fundamente der Erde abmaß, da war ich als geliebtes Kind bei ihm. Ich war seine Freude Tag für Tag und spielte vor ihm allezeit. Ich spielte auf seinem Erdenrund, und meine Freude war es, bei den Menschen zu sein«.

Sowohl Lesmeister (2014) als auch Lévy-Valensi stellen fest: Mit der »Antwort« des Kreuzestodes ist das göttliche Drama in Jungs Hiobbuch nicht beendet. Jung setzt sich darüber hinaus damit auseinander, dass Jesus Christus der ausschließlich helle Gottessohn ist. Jung betrachtet den in der Rahmenhandlung des biblischen Hiobbuches auftretenden Satan als den dunklen Gottessohn, anders ausgedrückt: als die nichtrealisierte Schattenseite Jesu.

Zusätzlich zu dieser göttlichen Gut-Böse-Spaltung meint Jung auch, ein Fehlen der weiblichen Seite innerhalb Gottes beobachten und »therapieren« zu müssen. In diesem Zusammenhang greift er die Dogmatisierung der Aufnahme Marias in den Himmel durch Papst Pius XII (1950) auf. Jung hat auch dieses – auf den ersten Blick konfessionell-katholische – Ereignis in die Zeitachse der Gottes-Individuation eingeordnet. Er deutet es als Bewusstwerdung J.s durch Kontaktaufnahme zu seiner weiblichen Seite, zur schöpferischen Weisheit (Sophia).

5.3 Was hat das mit Maria zu tun?

Am 1. November 1950 dogmatisiert Pius XII. (1950) die Aufnahme (Assumptio) Marias in den Himmel »mit Leib und Seele« und zitiert dabei zweimal die kirchliche Tradition mit dem Ausdruck »himmlisches Brautgemach«. Jung begrüßt das Assumptio-Dogma überschwänglich und spart nicht mit Kritik an der eigenen, »einem rationalistischen Historismus verfallenen« reformierten Tradition. Allerdings erntet er dafür kaum Zustimmung aus katholisch-theologischen Kreisen. Im Gegenteil: Der argumentative Kontext des Hiobbuches führt zwar zu Rettungsversuchen des Ansehens Jungs, z. B. durch den Schweizer Jesuiten Josef Rudin (1953), aber auch zum Zerwürfnis mit einem seiner engsten theologischen Freunde, dem englischen Dominikaner Victor White.

> Motiv und Inhalt der populären Bewegung, welche den Entschluß des Papstes zu der folgenschweren declaratio solemnis des neuen Dogmas mit veranlaßt hat, besteht nicht in einer neuen Gottesgeburt, sondern in der fortschreitenden Inkarnation Gottes, welche mit Christus angehoben hat. Mit historisch-kritischen Argumenten wird man dem Dogma nicht gerecht; [...] erstens ist durch die Deklaration des Dogmas prinzipiell nichts an der seit über tausend Jahren bestehenden katholischen Auffassung geändert, und zweitens ist die Verkennung der Tatsache, daß Gott ewig Mensch werden will und sich darum durch den Heiligen Geist in der Zeit fortschreitend inkarniert, sehr bedenklich und kann nichts anderes besagen, als daß der protestantische Standpunkt, der sich in solchen Erklärungen äußert, ins Hintertreffen geraten ist, indem er die Zeichen der Zeit nicht versteht und das fortschreitende Wirken des Heiligen Geistes außer acht läßt. Er hat offenbar die Fühlung mit den gewaltigen archetypischen Entwicklungen in der Seele des Einzelnen wie der Masse und mit jenen Symbolen, welche die wahrhaft apokalyptische Weltlage zu kompensieren bestimmt sind, verloren. Er scheint einem rationalistischen Historismus verfallen zu sein und das Verständnis für den Heiligen Geist, der im Verborgenen der Seele wirkt, eingebüßt zu haben (GW 11, § 749).

In seiner Begründung spricht Jung von der »fortschreitenden Inkarnation Gottes, welche mit Christus angehoben hat«, ganz im Sinne des göttlichen Werde-Dramas. Die Verkündung des Dogmas hält er für ein Zeichen der Zeit, also auf der einen Seite für einen öffentlichen Vorgang der äußeren Geschichte, auf der anderen Seite für das Wirken des Heiligen Geistes im

5.3 Was hat das mit Maria zu tun?

Verborgenen der Seele, in diesem Fall in der Seele des Papstes, an dessen Inspiration er nicht zweifelt.

Mit »fortschreitender Inkarnation« beschreibt Jung ein großes, teils innergöttliches, teils geschichtliches Drama. Die Auseinandersetzung Gottes mit Hiob stellt den Krisenmoment in der Bewusstwerdung Gottes dar. Ein weiterer Schritt in dieser von Jung entworfenen göttlichen Individuationsgeschichte ist das letzte Buch des Neuen Testament, die Geheime Offenbarung (Apokalypse), die traditionell dem Evangelisten Johannes zugeschrieben wird. Im 12. Kapitel dieses Buches (Offb 12,1) ist vom Zeichen der Frau die Rede, »mit der Sonne bekleidet, der Mond unter ihren Füßen und ein Kranz von zwölf Sternen unter ihrem Haupt«. Die Visionen der Offenbarung des Johannes fassen für Jung die Schritte der Individuation Gottes zusammen und beziehen sich auf zwei voneinander verschiedene Menschwerdungen: jene des natürlichen Menschen und jene in Jesus Christus (vgl. die vertikalen Inschriften auf dem Grabstein der Familie Jung, ▶ Abb. 5.1):

> Dieses Dogma ist in jeder Hinsicht zeitgemäß. Es erfüllt erstens figürlicherweise die Vision des Johannes, spielt zweitens auf die endzeitliche Hochzeit des Lammes an und wiederholt drittens die alttestamentliche Anamnesis der Sophia. Diese drei Beziehungen sagen die Menschwerdung Gottes voraus; die zweite und dritte die Inkarnation in Christo, die erste aber die im kreatürlichen Menschen (GW 11, § 744).

Mit dem Plot seines Hiobbuches spannt Jung einen weiten Bogen von der Erschaffung des Menschen am Anfang bis zum Seher der Offenbarung am Ende der Bibel, mit dem er sich selbst identifiziert. Er fokussiert die Symbolik der Frau, die gebären soll, wie sie in Offb 12 beschrieben wird: Der Drache steht vor der Frau und dem Kind, das sie gebären wird. Die Archetypen der Mutter und des göttlichen Kindes sind hier miteinander verknüpft. Der Seher der Apokalypse nehme mit diesem Bild die Möglichkeit der Gottesgeburt im Menschen vorweg, welche die Alchemisten, Angelus Silesius und Eckhart ahnten (GW 11, § 733). Eckhart weiß, dass »Gott in seiner Gottheit allein nicht selig ist, sondern in der Seele des Menschen geboren werden muss« (GW 11, § 741). Eckhart sieht das göttliche Kind nackt und nimmt wahr, dass er in diesem Kind Gott selbst begegnet, der in der Seele Mensch werden will:

5 Hiobsbotschaften und göttliches Drama

Meister Eckehart begegnete ein schöner, nackter Bube.
Da fragte er ihn, von wannen er käme?
Er sprach: »Ich komme von Gott.«
»Wo ließest du ihn?« -
»In tugendhaften Herzen.«
»Wo willst du hin?« -
»Zu Gott!«
»Wo findest du ihn?« -
»Wo ich von allen Kreaturen ließ.«
»Wer bist du?« -
»Ein König.«
»Wo ist dein Königreich?« -
»In meinem Herzen.«
»Gib acht, daß es niemand mit dir besitze!«
»Ich tu's.« -
Da führte er ihn in seine Zelle und sprach: »Nimm, welchen Rock du willst!« -
»So wäre ich kein König!«
Und verschwand.
Da war es Gott selbst gewesen und hatte Kurzweil mit ihm gehabt (Quint 1963, S. 311).

In seinem Hiobbuch stellt Jung die »tragische Gegensätzlichkeit« (Jaffé, 1961/1972, S. 220) in der Gottheit dar *und* er konstruiert ein Gottesbild der Ganzheit, das als archetypische *Coincidentia oppositorum* der individuellen Psyche zugänglich ist (Tardan-Masquelier, 1998, S. 180). Allerdings steht der gläubige Mensch vor Lebensentscheidungen, z. B. zwischen Gut und Böse, wie Beirnaert (1949) es am Beispiel der Taufe erläutert. Beirnaert zeichnet ausführlich die mythisch-archetypische Dimension der Taufe nach: das Tod und Leben hervorbringende Wasser, das Begrabenwerden, die Begegnung mit den eigenen und den kollektiven Schatten. Die Taufe sei mehr als eine Rückkehr zum mythischen Ursprung. Das Begrabenwerden mit Christus und die Aufnahme in die Gemeinschaft der Kirche stellen einen entscheidenden Neubeginn dar, nämlich die Entscheidung des Glaubens, eine neue Mütterlichkeit der Kirche gegenüber der Mütterlichkeit des Wassers. Das Gottesbild ist kollektiv-archetypisch und damit bipolar-ganzheitlich verankert; seine Ausprägung vollzieht sich jedoch in der Individuation, im Hinabsteigen in das Taufwasser des Unbewussten und im Unterscheiden zwischen den Gegensätzen.

6 Gott oder Gottesbild?

6.1 Legt Jung sich auf eine Position fest?

Ist Gott real oder nur einge*bild*et? Wie unterscheidet Jung zwischen Gott und Gottesbild? Welche Rolle spielt diese Unterscheidung in Jungs Debatten mit Theologen und Philosophen, z. B. mit Martin Buber? Jungs Auseinandersetzung mit Buber darüber, ob es um Gott geht oder »nur« das Gottesbild, ist die Auseinandersetzung um die Realität der Seele. Buber geißelt mit philosophischen Argumenten die Psychologisierung, die »Verseelung« von Welt und Gott. Er wirft Jung vor, mit seiner Archetypologie eine in sich widersprüchliche und uneingestandene Metaphysik zu betreiben. Jung seinerseits weist diesen Vorwurf energisch zurück und betont seinen empirischen, ärztlich-therapeutischen Standpunkt.

Beiden Denkern ist es über mehrere Jahrzehnte nicht gelungen, sich auf gemeinsame Begriffe, auf einen für beide anschlussfähigen Diskurs zu einigen. Im Epilog (▶ Kap. 8) bringen wir Jung und Buber wenigstens posthum miteinander ins Gespräch. Zunächst aber sollen die kontroversen Standpunkte der beiden rekonstruiert werden.

Abb. 6.1 (vgl. Krüger, 2022) veranschaulicht vier Möglichkeiten, wie das Verhältnis Gott/Gottesbild gedacht werden kann (▶ Abb. 6.1):

1. Die realistische Position schreibt Gott eine eigene, vom Menschen und seinen Bildern unabhängige Realität zu.
2. Der Anti-Realismus bestreitet ein derartiges An-sich Gottes und redet von Gott lediglich innerhalb des menschlichen Glaubens. Unabhängig/ außerhalb des menschlichen Glaubens gibt es keine eigene Wirklichkeit Gottes/keinen Gott.

3. Der Relativismus beschreibt objektivierend (religionswissenschaftlich), wie religiöse Konventionen funktionieren, er beschreibt also Gottesbilder in ihrem jeweiligen Kontext, ohne die Realitäts- und Wahrheitsfrage zu stellen.
4. Der interne (apophatische) Realismus vertritt eine negative Theologie: Über Gott lassen sich keine positiven, von unseren Gottesbildern unabhängige Aussagen machen. Wir können über Gott nicht anders reden als in unseren Bildern, die jedoch von Gott radikal verschieden sind.

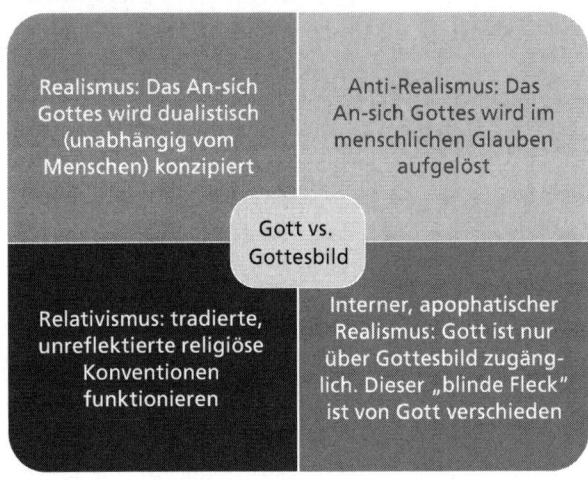

Abb. 6.1: Vier Möglichkeiten, um mit dem Verhältnis Gott/Gottesbild umzugehen

In der Auseinandersetzung mit Jung nimmt Buber eine weitgehend realistische Position (1) ein, indem er Jung bald einen Anti-Realismus (2), bald einen Relativismus (3) vorwirft. Schwieriger ist es, die Position Jungs zu bestimmen. Es ist deutlich, dass er Buber die Gegenposition des Realismus überlässt. Sein Standpunkt ist »therapeutisch« gegenüber der »Neurose« des Christentums, ja gegenüber Gott als »Patient« (Stein, 1996). Dazu passen weder der Anti-Realismus (2), der innerhalb religiöser Sprachformen bleibt und zu Gott an sich keinen Zugang hat, noch der desinteressierte religionspsychologische Relativismus (3). Mehrere Gründe sprechen dafür, dass Jung dem internen Realismus (4) zuneigt: seine spannungsreiche Suche nach Gott, angefangen bei der Kindheit im Pfarrhaus und dem Ringen mit der erfahrungslosen Kirchlichkeit seines Vaters; die Betonung der Differenz Gott/Gottesbild, aber auch die »empirische Ununterscheidbarkeit« von Selbst und Gottesbild; die Nähe zur negativen Theologie durch seine Rede von den unbewussten Anteilen des Gottesbildes. Für den internen Realismus ist ja die Imagination der einzig mögliche Zugang zu Gott. Der »blinde Fleck« der unbewussten Anteile in der Gottesvorstellung bleibt ebenso verborgen wie das An-sich Gottes.

Zusammenfassend: Es ist nicht leicht, Jung eindeutig einer der erkenntnistheoretischen Positionen bezüglich des Gottesbildes zuzuordnen. Manche Deutungen halten Jung für einen Mystiker mit unmittelbarer Gotteserfahrung (Jaffé, 1988) oder für »verzaubert« von einem vormodernen Welt- und Gottesbild (Giegerich, 2020a). Andererseits betont Jung immer wieder seinen empirisch-tatsachenwissenschaftlichen Zugang zur Gottesfrage und seine Distanz gegenüber Philosophie und Theologie. Bis zu der berühmten Antwort im BBC-Interview am Ende seines Lebens (»Ich glaube nicht, ich weiß!«) bleibt Jung ein Grenzgänger. Dies gilt innerpsychisch bezüglich der Dualität von Persönlichkeit Nr. 1 (der Schuljunge, der Naturforscher, der Pionier des psychophysischen Assoziationsexperiments) und Persönlichkeit Nr. 2 (der Träumer, der Visionär, der Gesprächspartner archetypischer Gestalten). Dies gilt aber auch für Jungs weitgespanntes wissenschaftliches Interesse, das nicht nur der Medizin und Psychologie gilt, sondern auch der Kultur-, Geistes- und Religionsgeschichte. Jung beschränkt sich nicht auf einen abgegrenzten wissenschaftlichen und professionellen Diskurs, der möglicherweise für die Nachbargebiete anschlussfähig ist. Vielmehr sprengt er die Grenzen des eigenen Wissensgebietes. Diese Tendenz zur Grenzüberschreitung prägt auch seine Biografie, besonders markant im Münster-Erlebnis des adoleszenten Jung.

6.2 Gottes Exkrement: Die Gnade des Münster-Erlebnisses

Der zwölfjährige Jung (1887) kommt an einem schönen Sommertag auf dem Heimweg von der Schule auf den Basler Münsterplatz und beschreibt das folgende Erlebnis:

> Der Himmel war herrlich blau, und es war strahlender Sonnenschein. Das Dach des Münsters glitzerte im Licht, und die Sonne spiegelte sich in den neuen, buntglasierten Ziegeln. Ich war überwältigt von der Schönheit dieses Anblicks und dachte: »Die Welt ist schön und die Kirche ist schön, und Gott hat das alles geschaffen und sitzt darüber, weit oben im blauen Himmel, auf einem goldenen Thron und –« Hier kam ein Loch und ein erstickendes Gefühl. Ich war wie gelähmt und wußte nur: Jetzt nicht weiterdenken! Es kommt etwas Furchtbares, das ich nicht denken will, in dessen Nähe ich überhaupt nicht kommen darf. Warum nicht? Weil du die größte Sünde begehen würdest. Was ist die größte Sünde? Mord? Nein, das kann es nicht sein. Die größte Sünde ist die wider den Heiligen Geist, die wird nicht vergeben (Jaffé, 1961/1972, S. 42).

Jungs Münster-Erlebnis beginnt mit dem Eindruck einer verzauberten und ganz und gar herrlichen Welt, kann aber auch als Anzeichen für seinen »Entzauberungs-Komplex« (Giegerich, 2020a) in Anlehnung an die »Entzauberung der Welt« (Weber, 1905/1920) gelesen werden. Diese ernüchternde Krisen-Erfahrung beginnt in der zweiten Hälfte des Zitats mit einem Grübelzwang, mit der ambivalent und ängstlich erlebten Erfahrung, etwas denken zu müssen, aber nicht denken zu dürfen. Zwangsgedanken und Versündigungsskrupel dauern mehrere Tage. Jung wagt es nicht, sich der Mutter zu offenbaren, bis diese ihn auf seine ängstliche Niedergeschlagenheit anspricht. Er schläft schlecht und findet schließlich die Lösung, die sein Gottesbild nachhaltig prägen wird:

> »Gott will offenbar auch meinen Mut«, dachte ich. »Wenn dem so ist und ich tue es, dann wird Er mir Seine Gnade und Erleuchtung geben.« Ich faßte allen Mut zusammen, wie wenn ich in das Höllenfeuer zu springen hätte und ließ den Gedanken kommen: Vor meinen Augen stand das schöne Münster, darüber der blaue Himmel, Gott sitzt auf goldenem Thron, hoch über der Welt, und unter dem Thron fällt ungeheures Exkrement auf das neue bunte Kirchendach, zerschmettert es und bricht die Kirchenwände auseinander. Das war es also. Ich spürte eine ungeheure Erleichterung und eine unbeschreibliche Erlösung. An

Stelle der erwarteten Verdammnis war Gnade über mich gekommen und damit eine unaussprechliche Seligkeit, wie ich sie nie gekannt hatte. Ich weinte vor Glück und Dankbarkeit, daß sich mir Weisheit und Güte Gottes enthüllt hatten, nachdem ich Seiner unerbittlichen Strenge erlegen war. Das gab mir das Gefühl, eine Erleuchtung erlebt zu haben (Jaffé, 1961/1972, S. 45).

Die Erleichterung und Gnade sind auch beim Lesen spürbar – wohl auch weil sie von Jung mit einer kräftigen Empfindung von Enge, die sich in Weite löst, in Verbindung gebracht wird: nämlich mit der Defäkation. Was Jung objektstufig über Gott schreibt, hat in diesen analen Empfindungen des Stuhldrangs, des Zurückhaltens und Zulassens der Defäkation eine subjektstufige, leibnahe Seite. Den Gesamtvorgang (von Zwang, Sündenangst, göttlicher Strenge bis zu den Tränen des Glücks und der Dankbarkeit über die Weisheit und Güte Gottes) bezeichnet er mit dem klassischen religiösen Terminus der Gnade.

Den »Kollateralschaden« des zerschmetterten Kirchendachs hält Giegerich für eine völlige Entzauberung, weil der göttliche Thron sich in den »Thron« der Darmentleerung wandelt und weil Gott »auf die Kirche scheißt«. »Thron« ist auch ein gängiger umgangssprachlich-humorvoller Ausdruck für den Nachttopf, z. B. kleiner Kinder (https://www.dwds.de/wb/Thron); die Toiletten-Metaphorik hat also auch schlicht etwas Menschliches, wenn sie auf Gott angewandt wird. Schon die Bibel kennt solche Bilder: In 1 Kön 18,27 verspottet Elija die Baalspriester, weil deren Gebete nicht erhört werden: Ihr Gott könnte beiseite gegangen sein, um sich zu erleichtern.

Giegerich nennt das Münstererlebnis Jungs Initialerfahrung, bei der sich die objektive Seele gegenüber seinem persönlichen zwanghaften Erleben durchsetzt. Es handle sich bei dieser Initiation um Jungs Erwachsenwerden, um den Abschluss seiner Kindheit. Im Unterschied zu traditionellen Initiationen gehe Jungs neuzeitliche Initiation mit der Entzauberung einher: »The positive element, the spiritual experience of God, had in itself become negated, an experience of disenchantment« (Giegerich, 2020a, S. 109).

Giegerich begründet seine Diagnose des »Entzauberungs-Komplexes« Jungs folgendermaßen: Jung habe die Initiation verweigert, bleibe dieser gegenüber ambivalent, akzeptiere die mit dem Münstererlebnis erfolgte

Negation nur halbherzig. Der theoretische Ausdruck dieses inneren Vorbehalts sei die Idee des Unbewussten:

»The unconscious« is what is by definition on principle hidden from, and a secret for, consciousness. And the whole inner-outer structure of the disenchantment complex is clearly reflected in the ideas of [...] the journey inwards to the true self as the God image inside oneself. The disenchantment complex's insistence on the One reveals itself in the theory of archetypes as eminent Origins (archai), and Jung's emphasis on »experiencing« shows the uncut tie to the positivity of the ego (Giegerich, 2020a, S. 123).

6.3 »Tragische Gegensätzlichkeit« in Gott und im Gottesbild

Giegerichs beharrliche Versuche, Jung zu vereindeutigen und seinen »Entzauberungs-Komplex« aufzulösen, weisen auf ein nietzscheanisch anmutendes Muster im Umgang mit dem »lieben Gott« hin, das vielerorts zu beobachten ist: Er ist für die Kinder da, nicht für Erwachsene, für die über alle Zweifel erhabenen Gläubigen, nicht für atheistische oder wenigstens agnostische, aufgeklärte Menschen, vielleicht für die Schwachen, Kranken und Bedürftigen, dann jedoch muss er stärkend, positiv und heilsam sein, nicht negativ oder destruktiv.

Offenbar ist Jung nicht über alle Zweifel erhaben, er ist viel ambiguitätstoleranter als Giegerichs denkerischer Entwurf. Die Verniedlichung Gottes als »lieb« birgt die Gefahr in sich, dass Gott nicht im biblischen Sinn als Inbegriff der Liebe verstanden wird, sondern als harmloser Vertröster für kindliche oder unreflektierte Gemüter. Eine derartige Banalisierung und Ausblendung dunkler und belastender Aspekte des Gottesbildes kann sich im Übrigen weder auf das Neue Testament stützen noch auf das Alte, das Erste. So lesen wir schon beim Propheten Deuterojesaja: »Ich erschaffe das Licht und mache das Dunkel, ich bewirke das Heil und erschaffe das

6.3 »Tragische Gegensätzlichkeit« in Gott und im Gottesbild

Unheil. Ich bin der Herr, der das alles vollbringt« (Jes 45,7) (vgl. Groß & Kuschel, 1992).

Auch hinsichtlich der Unterscheidung von Gott und Gottesbild ist Jung nicht festlegbar. »Antwort auf Hiob« (Jung, 1952/1963) sagt uns einiges über die verschiedenen Gottesbilder des biblischen Hiob und seiner Gesprächspartner, aber noch viel mehr über Jungs eigene, widersprüchliche Gottesbilder. Immer wieder jedoch schwenkt der Fokus des Buches weg von den Gottesbildern und hin zur Ambivalenz in Gott selbst:

> Das ambivalente Gottesbild spielt im biblischen Hiobbuch eine entscheidende Rolle. Hiob erwartet, daß Gott ihm gewissermaßen beistehe gegen Gott, wodurch dessen tragische Gegensätzlichkeit zum Ausdruck kommt. Diese wird zum Hauptthema in »Antwort auf Hiob« (Jaffé, 1961/1972, S. 220).

Hiob ist für Jung der Mensch, dem es gelingt, trotz der innergöttlichen Gegensätze an der Einheit Gottes festzuhalten, also an der Einheit Gottes in seiner Geschichte mit dem Menschen:

> Das ist wohl das Größte in Hiob, dass er angesichts dieser Schwierigkeit nicht an der Einheit Gottes irre wird, sondern klar sieht, dass Gott sich in Widerspruch mit sich selber befindet, und zwar dermaßen, dass er, Hiob, gewiss ist, in Gott einen Helfer und Anwalt gegen Gott zu finden (Jung, 1952/1963, § 567).

In ▶ Tab. 6.1 sind einige Kategorien aufgeführt, mit deren Hilfe Gottesbilder betrachtet werden. Die vorgeschlagenen Kategorien überschneiden sich teilweise.

Das Gottesbild einer Person lässt sich innerhalb einer der Kategorien nicht immer ganz eindeutig festlegen. Vielmehr kann es vieldeutig sein bzw. es ist auch möglich, gegensätzlich anmutende Varianten einer Kategorie im Gottesbild einer Person zu orten. Dabei handelt es sich zunächst um begriffliche und beschreibende (deskriptive) Gegensätze.

Diese werden jedoch dann »tragisch«, wenn sie komplexhaft und unlösbar sind. Im Unterschied zur Umgangssprache heißt »tragisch« in diesem Kontext nicht schwerwiegend oder irreversibel, wie dies bisweilen von »Schicksalsschlägen« gesagt wird. Im Sinne des Wortursprungs (Tragödie) besteht die Tragik vielmehr in einem Dilemma zweier Pole, das nicht dadurch lösbar erscheint, dass einer der beiden Pole gegenüber dem anderen bevorzugt wird.

6 Gott oder Gottesbild?

In der individuellen Psychodynamik zeigt sich die Tragik darin, dass ein unbewusster Konflikt zwischen zwei erstrebenswerten Größen dadurch pathogen wird, dass einer der Gegensatzpole unbewusst wird oder der Konflikt durch Überbetonung eines Poles scheinbar »gelöst« wird. Z. B. kann der Selbstwertkonflikt (Selbstwert vs. Objektwert) auf zweierlei Weise pseudogelöst werden: Im aktiven Modus werden andere Personen ab- und die eigene Person aufgewertet; im passiven Modus führt eine Selbstabwertung zur passiv-aggressiven Unterwürfigkeit. Auch beim Konflikt Versorgung vs. Autarkie sind zwei extreme Pseudolösungen möglich: Im aktiven Modus hält sich eine Person für bedürfnislos (»Ich brauche nichts, ich gebe.«) und im passiven Modus ist sie anklammernd, unersättlich und hilfsbedürftig. Ähnlich wie in diesen neurotischen Konflikt»lösungen« geht es auch in Jungs frühen Assoziationsstudien um teilweise unbewusste, gefühlsbetonte (Vater-, Mutter-, Autoritäts-...) Komplexe, die Jung an bestimmten Testauffälligkeiten erkannte, z. B. Verlängerung der Reaktionszeit, psychophysische Auffälligkeiten, Besonderheiten bei der Worterinnerung im zweiten Durchgang des Assoziationsexperiments.

»Tragisch« im Sinne Jungs ist eine Spannung im Gottesbild durch die Mischung aus bewusster und unbewusster Dynamik. Jung unterwirft den Gott Israels seiner psychologischen Beobachtung und diagnostiziert eine ungebremste Emotionalität als Anzeichen unbewusster Komplexkonstellationen. Erst durch die Begegnung mit seinem Geschöpf, mit dem Menschen Hiob, entsteht die göttliche Bewusstwerdung. Gottesbilder sind für Jung also nicht ausschließlich Produktionen der menschlichen Psyche, sondern Facetten des göttlichen Wesens. Indem sich Jung in diese aus religiöser Sicht oft blasphemische, gleichzeitig aber spirituell tiefe Betrachtung vertieft, entlastet er das Individuum von dem Normativitätsdruck, ein »richtiges« Gottesbild haben zu müssen.

Im Zusammenhang des vorliegenden Buches geht es um Gotteskomplexe an der Schnittfläche des kollektiven Bereichs von Religionen, Gesellschaften (vgl. Richter, 2005) und Familie einerseits und der individuellen spirituellen Suche andererseits. Gegensätze und Widersprüche, die das jeweilige Gottesbild des Individuums charakterisieren, haben ihre Entsprechung in den Gegensätzen, die den kollektiven Umgang mit dem Gottesbild prägen. Das Gottesbild wird selten respektvoll so hingenommen, wie es von der einzelnen Person erlebt wird; es löst meist eine Stellungnahme (zustimmend/ablehnend, wertschätzend/abwertend, pathologisierend oder nicht ...) aus.

6.4 Das Gottesbild verstehen: Kategorien

Tab. 6.1: Kategorien in der Betrachtung von Gottesbildern

Kategorien	Varianten bzw. Gegensätze im Gottesbild		
Normativität	Angepasst	Nicht angepasst	Offen
Wertigkeit	Positiv	Negativ	Ambivalent
Perspektive	Erste Person (1PP)	Zweite Person (2PP)	Dritte Person (3PP)
Gender	Weiblich	Männlich	Übergeschlechtlich
Bewusstheit	Bewusst	Unbewusst	Nicht entscheidbar
Pathologie	Krank	Gesund	Indifferent
X-Theismus	Mono-	Poly-	A-

6.4.1 Normativität

In der Umgangssprache, in Religion und Theologie, aber auch in der Psychologie wird der Begriff »Gottesbild« häufig mit Adjektiven wie »männlich, weiblich, gesund, neurotisch, dämonisch, positiv, negativ usw.« versehen, häufig mit der meist impliziten Vorannahme, zu wissen, wie ein »richtiges« Gottesbild beschaffen zu sein hat. Katechismen machen lehr- und lernbar, was ein orthodoxes und was ein heterodoxes, häretisches Gottesbild zu sein hat. Aber auch die Spiritualitätsforschung neigt zu wertenden Aprioris bezüglich des jeweiligen Gottesbildes.

6 Gott oder Gottesbild?

Wertende Apriories können auch im Zusammenhang mit dem Wahrheitsanspruch einer Religion entstehen. Diesbezüglich können grob gesagt drei Varianten unterschieden werden: Exklusivismus (meine Religion ist die einzig wahre und führt als einzige zum Heil), Pluralismus (alle Religionen sind gleichwertig) und, irgendwo dazwischen und in verschiedenen Spielarten, die Anschauungen des Inklusivismus (meine Religion führt in besonderer Weise zum Heil, aber andere Religionen haben auch einen gewissen Wahrheitsanspruch). Insbesondere Gottesbilder, die im Bereich des Exklusivismus anzusiedeln sind – bis hin zu religiösem Radikalismus und Fanatismus –, können sich belastend auf das Beziehungsgefüge eines Menschen auswirken, wenn er das vom eigenen Glauben abweichende Weltbild seiner Familienmitglieder und anderer Bezugspersonen ablehnt und abwertet. Auch das Vertrauen in die Fähigkeiten behandelnder Ärztinnen und Therapeuten kann belastet sein (vgl. Fallbeispiel »Desorganisierter Bindungsstil«, ▶ Kap. 6.6).

Normativität interessiert uns im Kontext des vorliegenden Buches jedoch nicht in erster Linie im Hinblick auf die Geltungsansprüche religiöser oder wissenschaftlicher Dogmen, sondern wegen der seelischen Auswirkungen verschiedener Normativitäten. Jung spricht von seinem Leiden am abendländischen Gottesbild. Dies bringt ihn dazu, sich über das Gottesbild hinaus mit Gott selbst zu befassen, der in seinen Augen ebenso erlösungsbedürftig ist wie der Mensch (Dourley, 2020, S. 32), ja der selbst ein Leiden ist, »das der Mensch kurieren sollte«:

> Es geht um das kanonische Gottesbild. Das geht uns in erster Linie an und nicht ein allgemeiner philosophischer Gottesbegriff. Gott ist immer spezifisch und stets lokal gültig, sonst wäre er unwirksam. Für mich hat das abendländische Gottesbild, ob ich intellektuell beistimme oder nicht. Ich treibe keine Religionsphilosophie, sondern ich bin ergriffen, beinah erschlagen und wehre mich nach Kräften. Nichts von der Gnosis und den Midrashim gehört hinein, denn nichts davon ist drin. Mit purusha-atman oder mit dem Tao hat bloß meine Erkenntnis zu tun, aber nicht meine lebendige Ergriffenheit. Sie ist lokal, barbarisch, infantil und abgründig unwissenschaftlich. [...] Gott selber ist eine contradictio in adiecto, darum will er den Menschen, um Eines zu werden. Die Sophia ist immer voraus, der Demiurg immer hinterdrein. Gott ist ein Leiden, das der Mensch kurieren sollte. Gott drängt zu diesem Zweck in den Menschen hinein. Warum sollte er das tun, wenn er alles schon hat? Gewiß muß Gott, um den Menschen zu erreichen, diesem seine wirkliche Gestalt vorführen, sonst würde der Mensch ewig dessen Güte und Gerechtigkeit preisen und ihm damit den Zutritt verwehren.

6.4 Das Gottesbild verstehen: Kategorien

Das kann nur durch den Satan geschehen, womit aber satanisches Handeln eben gerade nicht gerechtfertigt sein soll, sonst würde Gott nicht wirklich erkannt (Jung an Erich Neumann, 5.1.1952).

Das »kanonische« Gottesbild, worüber Jung an Neumann schreibt, ist einerseits objektiv am Kanon (d. h. an der Richtschnur) der offiziellen, normativen, in diesem Fall abendländisch-christlichen Orthodoxie orientiert. »Gott selber ist eine contradictio in adiecto, darum will er den Menschen, um Eines zu werden«: Jung kritisiert die metaphysisch-erkenntnistheoretische Position des Realismus im Namen der göttlichen Individuation, die den Menschen braucht und die notwendigerweise zur Inkarnation Gottes führt. Wegen dieser engen Verknüpfung menschlicher und göttlicher Individuation kommen für Jung aber weder die Position des Anti-Realismus noch der Relativismus in Betracht (▶ Kap. 6.1). Neben dem realistisch-objektiven Pol ist das Gottesbild in hohem Maße subjektiv, denn es »ergreift« den Menschen, der sich entweder nach Normen richtet, diese missachtet oder aber darunter leidet, nicht normenkonform zu erleben oder zu handeln.

Die Studie von Schaap-Jonker et al. (2007) über die Normativität von Gottesbildern ist insofern einzigartig, als von den Forschenden die Normativität nicht einfach vorausgesetzt, sondern ihre seelischen Auswirkungen untersucht werden. Verschiedene Patienten- und Glaubensgruppen werden befragt, wie sie ihr eigenes Gottesbild im Verhältnis zu dem, wie das Gottesbild von Seiten ihrer religiösen oder therapeutischen Autorität aus sein sollte, erleben. Die Mehrheit meint, sie sollte gegenüber Gott weder ärgerliche noch ängstliche Gefühle hegen, Gott sollte eher als unterstützend denn als strafend erlebt werden. Die Realität ihres gefühlten Gottesbildes sieht demgegenüber aber ganz anders aus. Besonders strenggläubig Evangelisch-Reformierte erleben die Diskrepanz zwischen dem normativen und dem gefühlten Gottesbild als konfliktreich und schmerzlich, die Diskrepanz zwischen dem in der Predigt Gehörten, aber nicht Erlebten erzeugt seelischen Druck. Dieser Normativitätsdruck ist bei evangelikalen Christen besonders ausgeprägt.

Das sich dynamisch entwickelnde Gottesbild eines Menschen entsteht aus der Interaktion zwischen Kindheitserinnerungen, Lebenserfahrungen und normativen Einflüssen (Corbett, 2021, S. 527).

6 Gott oder Gottesbild?

Rizzuto (2002) zufolge gehört das Gottesbild als Übergangsobjekt nach innen *und* nach außen. Das Gottesbild ist eine spezielle Objektrepräsentanz, die real, illusionär lebendig ist, auch dann, wenn sie zur Seite geworfen oder auf dem Dachboden verstaut wird wie ein Teddybär aus Kindertagen.

Der Platz des Übergangsobjektes »Gottesbild« ist auf der Grenze zwischen Innen und Außen, es begleitet uns in der Grenzerfahrung des Spirituellen. Anders als Teddybären wird Gott aus Vorstellungsmaterial geschaffen, in der ganz frühen Eltern-Kind-Beziehung und auch im kollektiven Unbewussten, in das wir eintreten. Dies geschieht im Prozess des Mentalisiertwerdens, mit dem Spracherwerb, und geht auf die Erfahrung mit den primären Bezugspersonen zurück. Objektbeziehungstheoretisch ist das Übergangsobjekt kein Ding, sondern ein Teil einer Beziehung, zu der die Überbrückung des Fehlens, der Nichtanwesenheit, der Angst durch den Teddybären gehört, also durch das Übergangsobjekt. Deshalb spricht Winnicott in diesem Zusammenhang vom Übergangsraum. Das ist auch der Raum, in dem sich Religion, Kunst, Kreativität entfalten: Diesen Raum betreffend formuliert Winnicott ein Axiom, das auch für die Forschung gilt: »*No challenging*«. Was ist damit gemeint? Wir sollen nicht infrage stellen, wir sollen das Kind, die andere Person nicht fragen:

> Did you conceive of this or was it presented to you from without? The important point is that no decision on this point is expected. The question is not to be formulated (Winnicott, 1953, S. 95).

Winnicotts »No challenging« ist eine gute Richtschnur im Umgang mit Normativität. Es geht aber auch nicht darum, Normen zu ignorieren. Sie spielen in der Entwicklung eine bedeutsame Rolle, und sie können Schaap-Jonker et al. (2007) zufolge einen krankmachenden Normativitätsdruck erzeugen.

Die Gegensätzlichkeit, die im Gottesbild selber steckt, in der Sprache Winnicotts ein incommunicado »at the centre of each person [...] sacred and most worthy of preservation« (1963/1965, S. 187), sollten wir nicht normativ auflösen, indem wir »Richtiges« und »Falsches« daran klassifizieren. Das Individuationsziel besteht darin, dass wir wie Jungs Hiob »nicht an der Einheit Gottes irre« werden (Jung, 1952/1963, § 567).

6.4.2 Wertigkeit

Kleine Sprachlehre des Wortes »positiv«

- Sprachliche Ableitung von lat. *pónere* (setzen, stellen, legen): Das Positive ist das Feststellbare, Messbare, Beweisbare, Beeinflussbare.
- Anthropologie: Der Mensch findet sich (zentrisch) in seiner Leiblichkeit vor, zugleich kann er sich selbst objektivieren (exzentrische Positionalität: Plessner, 1928/1975).
- Medizin: ein positiver (= den Krankheitsverdacht bestätigender) Befund, z. B. HIV-positiv.
- Mathematik: eine positive Zahl (= Zahl, die größer als null ist).
- Physik: die positive Elektrizität (= Elektrizität mit einer geringen Anzahl negativ geladener Elementarteilchen).
- Bejahend, zustimmend: eine positive Einstellung zum Staat haben.
- Moralisch wertvoll: die positiven Kräfte der Gesellschaft. Die positive Heldin des Romans.
- Positivismus (erkenntnistheoretisch): nur die positive (empirisch nachweisbare) Erkenntnis akzeptierend.

Kleine Sprachlehre des Wortes »negativ«

- Sprachliche Herkunft von lat. *negāre* (verneinen, ablehnen, bestreiten).
- Grammatik: ›Verneinungswort‹ (um 1700).
- Medizin: ein negativer (= den Krankheitsverdacht nicht bestätigender) Befund.
- Fotografie, Film: ein negativer Film (= Film mit völliger Umkehr der Seiten und der Helligkeit).
- Mathematik: Negative Zahlen sind kleiner als null und haben ein Minuszeichen als Vorzeichen.
- Physik: die negative Elektrizität (= Elektrizität mit wenigen positiv geladenen Elementarteilchen).
- Moralisch: ablehnend, missbilligend: die negative Seite (= Schattenseite) einer Sache oder eines Menschen.

Betrachtet man die sprachliche Verwendung von »positiv« und »negativ«, so fällt die nicht-wertende Grundbedeutung dieser Begriffe auf, die sich v. a. in den Fachsprachen erhalten hat. Sobald wir in die Sphäre des menschlichen Wohl- oder Missbefindens eintreten, schleichen sich jedoch Wertungen ein. Wir stellen dann fest, dass ein positiver HIV- oder Coronatest für die Betroffenen ziemlich negativ ist. Auch die negativen, »roten« Zahlen in der Bilanz müssen zwar die Wirtschaftsfachfrau nicht unbedingt beunruhigen. Auf dem eigenen Konto hingegen lösen sie leicht ein Missfallen aus, sind gar (wirtschaftlich) existenzvernichtend und (biografisch) existenziell bedrohlich.

Die »positive Psychologie« heißt keineswegs so, weil sie sich von positivwissenschaftlichen Forschungsergebnissen leiten lässt – das will vielmehr die positivistische Psychologie –, sondern weil sie im wertenden Sinn »positives« Denken fördern möchte. Die »negative Theologie« hingegen sammelt keine moralisch abträglichen Attribute über Gott, sondern will die Unsagbarkeit des Geheimnisses »Gott« betonen (Gutschmidt, 2021).

Eine positivistische Psychologie – sei es im moralisch-wertenden oder im erkenntnistheoretischen Sinne – neigt zur Negation des Negativen: so Giegerich (2020b, S. 71–78) in seltener Übereinstimmung mit Neumann (1949) und dessen Kritik an der »alten Ethik«, die sich projektiv vom Negativem als dem eigenen Schatten abzugrenzen versucht. Die Negation des Negativen hat die (meist unausgesprochene) Vorannahme (Positivismus-Bias), dass das Negative schlecht, krank, unvollkommen, vorläufig usw. und deshalb heilungs-, korrektur-, positivierungsbedürftig ist. Sie möchte z. B. der Depression als der »Dame in dunklen Kleidern« sofort eine helle und fröhliche Garderobe verpassen, anstatt sie zunächst gastfreundlich aufzunehmen.

Kenneth I. Pargament (1999) ist Autor des in unzähligen Studien eingesetzten Fragebogens zur religiösen/spirituellen Krankheitsverarbeitung. RCOPE besteht aus einer »positiven« und einer »negativen« Subskala, sodass in der Diskussion häufig verkürzt vom positiven spirituellen Coping und vom negativen gesprochen wird. In empirischer Hinsicht zeigen manche Studien, dass die Subskalen des Fragebogens korrelieren, also nicht so klar trennbar sind, wie theoretisch-apriorisch erwartbar. Das Hauptproblem an der Bezeichnung ist jedoch der Positivitäts-Bias: Was deskriptiv als »positiv« benannt wird, gilt auch normativ als erstrebenswert

6.4 Das Gottesbild verstehen: Kategorien

– im Gegensatz zum Negativen: Kenneth Pargaments Bemerkungen dazu in einem persönlichen Gespräch:

> Den Ausdruck »religiöses Ringen« bevorzuge ich gegenüber »negativem religiösem Coping« und ich versuche, auch selbst zunehmend vom »Ringen« zu sprechen. So gibt es also positives religiöses Coping, bei dem man von Religion als einer Handlungsressource für Menschen in schwierigen Situationen sprechen kann. Das ist eine generell hilfreiche Ressource. Und dann gibt es Menschen, die in ihrem Coping mit religiösen oder spirituellen Themen ringen. Dieses Ringen ist nicht notwendigerweise problematisch. Manchmal treibt es uns auch im Leben voran (Frick & Roser, 2014, S. 268).

Jung deutet seine frühen Eindrücke mit Jesus und Jesuiten (▶ Kap. 7) als so belastend und negativ, dass es ihm »immer unmöglicher wurde, ein positives Verhältnis zu dem ›her Jesus‹ zu finden« (Jaffé, 1961/1972, S. 33). Trotz der Unterscheidung vom Jesusbild beeinflusste dies auch sein Gottesbild (Tilander, 1990). Bezüglich des Umgangs der Psychologie mit der Negativität hält Giegerich (2020b, S. 288 f.) eine hegelianische Deutung bereit:

> »Aufhebung« der Psychologie als Wissenschaft bedeutet nicht, dass Psychologie das undialektische Gegenteil der Wissenschaft im Sinne eines unwissenschaftlichen Glaubens oder einer Weltanschauung ist. Vielmehr sei sie das »bestimmte Nichts« der Wissenschaft. Ebenso wenig sei Psychologie Religion oder Weltanschauung. Als »aufgehobene Religion« habe sie den Gegensatz Wissenschaft vs. Religion überwunden, die enthalte nun selbst diesen Gegensatz in sich.

Psychoanalyse als Wissenschaft vom Unbewussten hat eine große Nähe zum Traditionsstrom der Negativen Theologie, weil sie die Opazität des »Un-*«« (unbewusst, ungewohnt, unanständig, unvorhergesehen …) ins Zentrum rückt. Dies hat sie sowohl mit der Kunst gemeinsam (Vogel, 2021) als auch mit der Unbedingtheit (innerer) Gottesbilder, die sich »aufgrund der konstruktiven Kraft der Verneinung negativtheologisch als sich selbst durchstreichendes Bild« zeigt (Krüger, 2021, S. 34).

> Da man Negationen selbst nicht sehen kann, schließt das negationstheoretische Bildverständnis die Einsicht ein: Bilder muss man nicht nur sehen können, sondern man muss dabei auch Negationen realisieren können, wenn man sie als Bilder realisieren können soll. Damit wird die Einbildungskraft in ihrer negativen Selbstbezüglichkeit bzw. Selbsteinklammerung zum Dreh- und Angelpunkt des Bildverständnisses (Krüger, 2021, S. 85).

6.4.3 Perspektive

In einem ihrer letzten Interviews sagte die verstorbene Psychoanalytikerin Margarete Mitscherlich-Nielsen (2007, S. A2107):

> Ich bin protestantisch erzogen worden und habe zum lieben Gott gebetet, dass es meinen Eltern gut geht. So sind wir doch, wir Kinder, solange wir Kinder bleiben. Ich bin heute noch jemand, der absolut glaubt. Der Sinn des Lebens besteht darin, sich zu fragen: Was sind unsere Werte, welche halten wirklich stand, und aufgrund welcher standhaltenden Werte müsstest Du Dein Leben einrichten? Aber es ist nicht der liebe Gott, der Dir den Sinn Deines Lebens gibt, sondern den musst Du Dir erarbeiten. Mit dem Verstand weiß ich, dass es keinen lieben Gott gibt, aber ich spreche oft mit ihm, das habe ich seit der Kindheit getan. Das tut mir gut, und das erlaube ich mir. [...] Mir scheint das selbstverständlich. Wir werden so aufgezogen, wir haben jemanden, mit dem wir sprechen möchten und müssen. Ohne mitmenschliche Beziehungen ist das Leben ein Horror. Wenn ich im Moment keinen Menschen habe, der mich so gut versteht wie Gott, spreche ich halt mit Gott.

Glaubensbekenntnis einer Psychoanalytikerin, die »mit dem Verstand weiß, dass es keinen lieben Gott gibt«, die aber seit Kindestagen und jetzt im hohen Alter zu ihm betet. Das Verstandesurteil »es gibt (keinen) Gott« wird beschreibend, feststellend in der Dritte-Person-Perspektive getroffen. Solange theistisch oder atheistisch über Gott gesprochen wird wie über ein Ding, kann diese Aussage nur so lauten, wie Mitscherlich-Nielsen sie formuliert. »Einen Gott, den es gibt, gibt es nicht. Gott ist im Personenbezug«, stellt der Theologe Dietrich Bonhoeffer (1929/1956, S. 94) fest.

Mitscherlich-Nielsen formuliert ihr Bekenntnis in einem Interview, also in der Zweite-Person-Perspektive. Sie spricht vom »lieben« Gott, ob aus Konvention, Scham, oder weil ihr durch ihre Elternbeziehung mitgeprägtes Gottesbild durch Liebe charakterisiert ist. Auch im Gebet, über das sie spricht, das also über das Interview hinausweist, kommt Gott im Vokativ vor, in der Zweite-Person-Perspektive.

Diese Perspektive schützt die Intimität des Gebetes, das sich jenseits aller theistischen oder atheistischen Dritte-Person-Aussagen entfaltet – allerdings geprägt durch das jeweilige Gottesbild: Nicht »lieb«, sondern toxisch ist das von Tilmann Moser (1976, S. 16) als *Gottesvergiftung* beschriebene Bild vom »lieben« Gott. »Was wird der liebe Gott dazu sagen?«: Durch diesen Satz hätten seine Eltern ihn »früh seiner eigenen inneren Gerichtsbarkeit überlassen«. Und nun, als Erwachsener, wählt er für sein Buch nicht nur die dichterische Kunstform des Gebetes, er nutzt vielmehr die Zweite-Person-Perspektive als Ausgangspunkt seiner Beziehungsarbeit mit Gott.

Nicht alle können so prägnant ihre Wut und Klage in der Form eines Gebetes ausdrücken wie Moser. Bei einigen wird die Entwicklung vom kindlichen zum Erwachsenengebet stocken. Es fällt ihnen schwer, von vorformulierten Gebeten zum persönlichen Gebet überzugehen, oder sie werden ganz aufhören zu beten. Blockiert sein kann diese Entwicklung des Gebetsstils bei Gottesbildern, die nicht von einem liebevoll-zugewandten Beziehungsstil geprägt sind, sondern von Gleichgültigkeit oder gar Unterdrückung. Ist Gott mir gegenüber gleichgültig-distanziert, so liegt das Besondere an der Zweite-Person-Perpektive darin, dass ich *Ihm* durch meine direkte Anrede die Möglichkeit gebe, mir zu antworten, in Beziehung zu mir zu treten – damit öffnet sich die Chance zu einer Weitung, Wandlung des Gottesbildes.

Bei einem »despotischen« Gottesbild fällt mir die Vorstellung schwer, dass Gott meine Freiheit will, dass ich mich entwickle und glücklich bin. Gott geht es vielmehr nur darum, dass ich *Seinen* Willen tue, er ist an einer liebevollen Beziehung nicht interessiert. Im Gegenzug suche auch ich meinen Vorteil, führe Verhandlungen mit Gott und versuche, mir den Himmel »zu erkaufen« (vgl. Fallbeispiel »Unsicher-verstrickter Bindungsstil«, ▶ Kap. 6.6)

Innerhalb psychotherapeutischer Behandlungen muss die Intimität des Gebetes als eigener, von der Therapie unterschiedener Raum der Unverfügbarkeit (Küchenhoff, 2024) geschützt werden, ohne allerdings die spirituelle Suche der Patientinnen und Patienten als Thema der Therapie zu vernachlässigen (Utsch et al., 2017).

Moser bedient sich in seinem Buch der Technik des leeren Stuhls, die er aus Jakob L. Morenos Klassischem Psychodrama entlehnt (vgl. Frick & Fühles, 2009). Der leere Stuhl lässt Platz und Raum für die Imagination, sein Gottesbild kann sich dort frei entfalten. Im Sinne von Jungs Aktiver Imagination ergibt sich die Möglichkeit, mit dem auf dem gegenüberstehenden »Thron« sitzenden Gott in einen Dialog zu kommen, also in ein Gebet, geschützt durch den therapeutischen Rahmen. Ein weiterer Schritt

6 Gott oder Gottesbild?

im Klassischen Psychodrama von Moreno ist der »Rollentausch mit Gott«. Dazu ein Fallbeispiel des Verfassers:

> Psychodrama in einem sozialen Brennpunkt in einem Vorort von Buenos Aires: Die 55-jährige Dora ist niedergeschlagen und klagt über Schmerzen, womit die anderen Gruppenmitglieder aber nicht recht umzugehen wissen. Alle wissen, dass Doras Sohn Ignacio (genannt »Nacho«) derzeit eine Gefängnisstrafe wegen Drogenhandels absitzen muss. In mehreren Schritten einer psychodramatischen Inszenierung kommt es zu einer eindrucksvollen Veränderung im Erleben der Protagonistin Dora.
>
> 1. Ich lade Dora zu einer Konkretisierung ihres Schmerzes ein: Sie wählt ihre Schwester Isabel für die Rolle des Schmerzes. Die psychodramatische Technik der Konkretisierung bedeutet, dass Isabel ihr als »Schmerz« auf Brust und Hals drückt.
> 2. Rollentausch: Dora nimmt an Stelle von Isabel nun die Rolle des Schmerzes ein, während Isabel die Protagonistin vertritt. Als Spielleiter interviewe ich Dora in der Rolle des Schmerzes. Sie sagt: »Ich begleite Dora schon viele Jahre, besonders aber seit 2 Jahren, als Nacho ins Gefängnis kam und ganz besonders heute, am Tag der Verurteilung im Gericht«.
> 3. Wieder zurück in ihrer Rolle als Protagonistin, wählt Dora eine andere Teilnehmerin (Clemencia) für die Rolle ihres Sohnes Nacho. Clemencia spricht ein paar Sätze aus der Identifikation mit dieser Rolle heraus.
> 4. Rollenwechsel: Ich lade Dora ein, an Stelle von Clemencia die Rolle ihres Sohnes Nacho einzunehmen. In dieser Rolle ist ihre Stimme viel ruhiger, als Nacho äußert sie die Sorge des Sohnes um die Mutter.
> 5. Rückkehr zu den ursprünglichen Rollen: Nun weinen sowohl Dora als auch Isabel. Ich versuche Isabel in ihrer Rolle als Schmerz zu unterstützen: Der Schmerz weint nicht, sage ich zu ihr, er bewirkt Doras Schmerz. Die Situation erscheint mir blockiert. Wie geht es jetzt weiter?

6. Spiegeltechnik: Ich schlage Dora vor, die Bühne zu verlassen und mit mir aus dem Zuschauerraum das Geschehen zu betrachten. Ein weiteres Gruppenmitglied (Nora) vertritt sie derweil auf der Bühne. Ich frage Dora, nachdem wir die Szene betrachtet haben: »Was möchtest du ändern?«
7. Rückkehr auf die Bühne. Ich frage Dora, wie sie das Spiel beenden möchte. »Ich bitte Gott, dass Nacho bald rauskommt. Ich habe Vertrauen zu Gott, und ich bete viel!«, sagt sie. Ich frage Dora: »Wer könnte Gott sein?« Sie schaut sich um, und man spürt die Zurückhaltung gegenüber der Gottes-Rolle. Schließlich wird Nora gewählt. »Woher kommt Gott?«, frage ich.
8. Der informative Rollentausch mit Dora zeigt Nora, wie sie als Hilfs-Ich Doras Gott spielen soll. Für Dora ist es zugleich ein Rollentausch mit Gott. Dora (in der Gottes-Rolle) lächelt, breitet die Arme aus, sagt zu Nora (in der Rolle Doras): »Ich verlasse dich nicht, ich schütze dich, ich helfe dir!«
9. In den ursprünglichen Rollen sagt Dora: »Ich danke dir und ich bitte dich ...«
10. Damit wir die Antwort Gottes möglichst authentisch hören, erneuter Rollentausch. Dora (als Gott) drückt mehr mit Gesten als mit Worten ihre Zuneigung gegenüber Nora (in Doras Rolle) aus.
11. Meine mehrfachen Aufforderungen zum Rollentausch sind offenbar verwirrend für die Teilnehmerinnen. Ich versuche, Nora dadurch zu unterstützen, dass ich ihr ein Doppel an die Seite gebe:
Doppel (leise zu Nora in der Gottes-Rolle): »Du bist Gott!«
Nora (laut zu Dora): »Du bist Gott!«
Doppel (versucht, Nora zu korrigieren, redet aber nicht in der Erste-Person-Perspektive, d. h. als Gott, sondern spricht erneut Nora an): »DU bist Gott!«
Nora (laut zu Dora wiederholt): »DU bist Gott!«
12. Angesichts der Missverständnisse zwischen Nora und dem Doppel brechen nun alle in ein offenbar kathartisches Lachen aus, das auch die Protagonistin Dora mitreißt.

Zu dem Missverständnis war es auch durch meine etwas kurzatmige Leitung mit häufigen Einladungen zum Rollentausch gekommen. In dem Missverständnis steckt jedoch darüber hinaus Morenos tiefe Überzeugung, dass alle Menschen zum God-Playing fähig sind: »I played God and infected others to play with me« (Moreno, 1947/2012, S. 17).

Mit Hilfe der Imagination kann das *Du* des persönlichen Gebetes entdeckt oder wiederentdeckt werden. Weder in der Psychotherapie noch in der geistlichen Begleitung geht es dabei um das normative Richtig oder Falsch. Gerade die psychodramatischen Techniken des *Leeren Stuhls* und des God-Playing helfen herauszuarbeiten, wer der Gott, die Göttin, das Göttliche des jeweiligen Individuums ist. Normativ im psychodramatischen Protagonistenspiel ist immer das Erleben der Protagonistin, nicht das Gottesbild des Spielleiters, eines Hilfs-Ichs oder eines anderen Gruppenmitglieds. Im Psychodrama, in der Aktiven Imagination und in anderen bildhaften Methoden können fixierte Gottesbilder zunächst bewusst gemacht und sodann aufgelockert werden: Einbildung und Entbildung i. S. Meister Eckharts (▶ Kap. 6.5.1). In der therapeutischen Situation geht es um Begleitung und Zeugenschaft wie in dem folgenden Zitat des Gott gegenüber lange Zeit so kritischen Tillmann Moser:

> So wurde ich eines Tages zum helfenden Zeugen eines ersten vorsichtigen Gebetes, das uns beide sehr bewegte. Wenn man mich früher gefragt hätte, würde ich es lange Jahre in meinem Beruf für unwahrscheinlich, wenn nicht gar für absurd gehalten haben, eines Tages therapeutische Ermutigung, ja Unterricht im Gebet zu leisten. Doch beim Zuhören spürte ich, dass sich bei meiner Patientin eine innere Wende andeutete, die ich begrüßen musste, weil ich den Schmerz ihrer Orientierungslosigkeit und die verachtete Frömmigkeit ihrer Seele gut genug kannte (Moser, 2017, S. 113).

6.4.4 Gender

Die Übergeschlechtlichkeit des Gottes Israels gehört zur Grundbotschaft des Alten Testaments (Deissler, 1974, S. 40). Die Bibel Israels distanziert sich dadurch von Kulten in der Umwelt, die Götterpaare und orgiastische Kulte kannten, möglicherweise im Sinne der Tempelprostitution, um die »heilige Hochzeit«, den *»Hierós gámos«*, zu feiern. Die Übergeschlechtlichkeit des Gottes Israel gründet nicht in der oft behaupteten Sexualfeindlichkeit der Bibel, sondern in der radikalen Welttranszendenz Gottes. Es handelt sich zwar um das Gottesbild einer patriarchal verfassten Gesellschaft; ihr Monotheismus heißt allerdings keineswegs Einengung auf einen männlich vorgestellten, vereinsamten, selbstgenügsamen Gott. Vielmehr ist mit der Welttranszendenz des Gottes Israels die geschlechtliche Differenz zwischen Gott und Göttin überstiegen; Gott kann in der Bibel Israels männlich *und* weiblich vorgestellt werden und entsprechende Rollen übernehmen. »JHWH kann daher weder als männlich noch als weiblich verstanden werden« (Irsigler, 2021, S. 1354).

Insofern treffen die feministisch(-theologische) Kritik des patriarchalischen (jüdisch-christlichen) Gottesbildes, insofern dieses die Vielseitigkeit des biblischen Gottesbildes verleugnen möchte, die psychoanalytische Kritik an Freuds Ausblendung weiblicher Gottesaspekte (Rizzuto, 1998) und die Kritik an binären Gottesbildern (*G*tt w/m/d*, 2021: https://gottwmd.de/) wesentliche und für das Verstehen des biblischen Gottesbildes (alttestamentlich und jesuanisch-neutestamentlich) wichtige Punkte. Zugleich greifen neue exegetische Interpretationswege auch die Suchbewegungen heutiger Menschen auf (z. B. Dinkelaker & Weidlich, 2022).

Die aktuelle Genderdebatte und ihre Rezeption in der psychoanalytischen Entwicklungspsychologie und Behandlungstheorie liefern ein zusätzliches Argument dagegen, einfachhin ein patriarchales gegen ein matriarchales Gottesbild auszutauschen. Vielmehr spricht die Aufmerksamkeit für die »diverse« Minderheit und für die Identitätssuche junger Menschen für eine Offenheit in geschlechtlichen Zuordnungen auf das Gottesbild. Familialistische Gottessymbole (Gott als Vater oder Gott als Mutter) können befreienden Charakter haben, wenn sie uns in Natur und Familie einbinden, anstatt Abhängigkeiten zu zementieren, zeigte Dorothee Sölle schon 1981 auf (Sölle, 1981). Wenn sie Jahre später (1995), inspiriert von Meister Eckhart, Gott darum bittet, sie frei vom männlich gedachten Gott zu machen, so lässt sich diese Befreiung heute auf jegliche geschlechtliche Vereinnahmung Gottes erweitern. Jedes Gottesbenennen mit einem exklusiven Namen wäre der Versuch, Gott zum Garanten unserer unveränderlichen Sprache zu machen, ein Verfügenwollen über und ein Attentat gegen den Gott, der sein wird, was er sein wird, meint Sölle (1995, S. 19) anspielend auf die Namensoffenbarung in Ex 3,14.

Die systematische Theologin Saskia Wendel (2007) diskutiert die Möglichkeit eines entsexualisierten Gottesbildes, »mit dem sich sowohl Männer als auch Frauen vorbehaltlos identifizieren könnten«, ohne bemühte Versuche einer »Thea-Logie« (»Gott ist auch Mutter«, »heilige Geistin«), die von der Prämisse eines irreversibel patriarchalen Gottesbildes im Christentum ausgehen. Wendel (2007, S. 84) zufolge ist es möglich (wenn auch nicht zwingend!), von Gott in Genderkategorien zu sprechen, um den Beziehungsaspekt Gottes, die Personalität Gottes, zu bezeichnen. Der Rückgriff auf Genderkategorien geschehe aus Konvention oder um die Rede von Gott anschlussfähig für die menschliche Lebenswirklichkeit zu machen. Die (diskursive) Sprachpraxis, um die es in der Genderdebatte geht, eröffnet laut Wendel für die Gottesrede ein Feld unterschiedlicher Möglichkeiten. Es tun sich auch neu hinzukommende sprachliche Möglichkeiten auf, die »spielerisch verwendet werden« können, »um das traditionelle patriarchale Gottesverständnis aufzusprengen«, ohne das Gottesbild dabei zu (re-)sexualisieren. Ein solches »Spiel« im Sinne Wendels könnte es sein, den w/m/d-Diskurs aufzugreifen – etwa nach dem Modell der Ausstellung »G*tt w/m/d – Geschlechtervielfalt seit biblischen Zeiten« im Bibelhaus Frankfurt am Main (https://gott-wmd.de/) –, ohne der Gefahr des religionsgeschichtlichen Relativismus oder eines radikalen Genderkonstruktivismus zu erliegen, der das Anderssein Gottes dekonstruieren möchte.

6.4.5 Bewusstheit

Anhand der Beschreibung von Gottes Unbewusstwerden in der Sprache (▶ Kap. 4.5) und dessen plötzlichem Erscheinen, z. B. in Interjektionen und Stoßgebeten, wurde schon das Wechselverhältnis zwischen Bewusst- und Unbewusstwerden deutlich.

Jung bezieht sich in seiner Kritik sowohl an realistischen als auch an antirealistischen Gottesbild-Konzeptionen auf die Mystiker und insbesondere auf Meister Eckhart. Jung spricht von der Entdeckung der Seele und von der »Relativität Gottes«, dass also Gott nicht »absolut«, losgelöst vom menschlichen Subjekt existiert, sondern in »wechselseitiger und unerlässlicher Beziehung zwischen Mensch und Gott« (GW 6, § 456). Für die Analytische Psychologie

> [...] ist das Gottesbild der symbolische Ausdruck eines psychischen Zustandes oder einer Funktion, die [...] dem bewußten Willen des Subjekts unbedingt überlegen ist und deshalb Taten und Leistungen erzwingen oder ermöglichen kann, deren Ausführung der bewußten Anstrengung unerreichbar wäre. Dieser übermächtige Impuls – sofern sich die Gottesfunktion im Handeln manifestiert – oder diese den bewußten Verstand überragende Inspiration rührt von einer Energieaufstauung im Unbewußten her (GW 6, § 456) [...]. Wie die »Seele« eine Personifikation unbewußter Inhalte ist, so ist [...] auch Gott ein unbewußter Inhalt, eine Personifikation, insofern er als persönlich gedacht ist, ein Bild oder Ausdruck, insofern er bloß oder hauptsächlich dynamisch gedacht ist, also im wesentlichen dasselbe wie die Seele, insofern sie als Personifikation eines unbewußten Inhaltes gedacht wird. MEISTER ECKHARTS Auffassung ist daher rein psychologisch. Solange die Seele, wie er sagt, nur in Gott ist, ist sie nicht selig. Wenn man unter »Seligkeit« einen besonders gesunden und erhöhten Lebenszustand versteht, so kann also dieser Zustand nach ECKHART nicht vorhanden sein, solange die als Gott bezeichnete Dynamis, die Libido, in den Objekten verborgen ist (GW 6, § 464; vgl. GW 11, § 741; Hervorhebungen im Original).

Erst durch Rücknahme der Projektionen auf die Objekte, so Jung weiter, ist Gott »in der Seele, im Unbewussten«. Dann sei im Sinne Eckharts die Seligkeit der Seele und die Seligkeit Gottes erreicht (zur Menschwerdung Gottes ▶ Kap. 5).

Die Einflüsse des psycho-spirituellen Marktes führen auch heute zu einer Abhängigkeit von äußeren Objekten und zu einer Verwechslung zwischen künstlich erzeugten Gottesbildern und Gott. Bezüglich des postmodernen, spirituell sehnsüchtigen Subjekts können wir mit Finkelde (2014) von einem doppelten Unbewusstwerden Gottes sprechen: Das Subjekt wehrt sich *erstens* »dogmaphob« gegen die »Unterwerfung unter eine klare dogmatische Appellinstanz wie ›den einen Gott‹, den Gott einer ganz bestimmten Ideologie, eines ganz bestimmten exklusiven Welterklärungsmodells« und dessen jeweilige Institution (Kirche, Politik, Familie usw). Es ist jedoch *zweitens* neuen ideologischen und vom umgebenden Kapitalismus vermarkteten Anrufungen ausgesetzt: »konsumbedingten Neurotisierungen« und Anrufungen wie: »Sei, der du bist!«, »Enjoy!«, »Du darfst«, »Sei dein eigener Gott« (Kunze, 2013).

Ebenso wie in dieser kollektiven Perspektive müssen wir auch beim Individuum mit bewussten *und* unbewussten Gottesbildern rechnen, z. B. in einer psychoanalytischen Behandlung. Die Einbeziehung von Träumen, aktiver Imagination und der psychodramatischen Arbeit mit dem leeren Gottesthron (▶ Kap. 6.4.3) ist dabei hilfreich.

6.4.6 Pathologie

Die (Psycho-)Pathologie ist ein Beispiel für wissenschaftliche und institutionalisierte Normativität, i. S. Hillmans für den »Monotheismus« des Gesunden. Wegen ihrer Bedeutung für die klinische Praxis soll sie hier eigens thematisiert werden. Die Psychopathologie oder der Psychotherapeut wendet das Kriterium der Realitätsprüfung dann als äußeres, sozial konstruiertes Kriterium an, wenn die interne Realitätsprüfung des psychisch kranken Menschen versagt, z. B. beim religiösen Wahn im Rahmen einer schizophrenen Psychose (Demling, 2017). Die psychopathologische Untersuchung erhebt deskriptiv die Symptomatik und normativ den Realitätsbezug des oder der Kranken. Mehrere Formen von Gewissheit stoßen hier aufeinander: Die »über alle Zweifel erhabene« Wahngewissheit des kranken Menschen, unterschieden von der Gewissheit des nicht wahnhaften, gläubigen Menschen, der Suche und Zweifel zulässt, und schließlich die Gewissheit der untersuchenden Ärztin.

Huth beschäftigte sich jahrzehntelang als Psychiater und Psychoanalytiker mit Gemeinsamkeiten und Unterschieden zwischen Glauben und Wahn. Er kritisiert die traditionellen psychopathologischen Kriterien der (beim Wahn fehlenden) Realitätsprüfung, Korrigierbarkeit und Verstehbarkeit, weil die beurteilende Beobachterin in einer distanzierten Dritte-Person-Perspektive verbleibt. Ganz anders verhalte es sich,

> sobald man sich aus dieser problematischen Beziehungsstruktur herausnimmt, indem man den Wahnkranken nicht nur beobachtet, sondern etwas mit oder für ihn tut, wie das zum Beispiel bei der Psychoanalyse der Fall ist. Dabei verändert sich die Evidenz des Beobachters in dem Sinne, dass ihm innere Zusammenhänge zwischen der Lebensgeschichte und dem Wahn deutlich werden, die er vorher nicht zu sehen vermochte, jetzt aber deshalb, weil dem Kranken selbst diese Zusammenhänge deutlich werden (Huth, 2023, S. 325).

In Psychiatrie und Psychotherapie ist deutlich eine Entwicklung von der religionspsychopathologischen hin zur Coping-Orientierung zu beobachten. Aspekte des Gottesbildes können sowohl Ausdruck einer Pathologie als auch der Krankheitsverarbeitung sein. In der Behandlungspraxis kommt es darauf an, beide Aspekte zusammen und im Längsschnitt wahrzunehmen (Frick et al., 2018).

6.4.7 X-Theismus

Der Monotheismus Israels, Merkmal des spirituellen Fortschritts (▶ Kap. 1), ist keine punktuelle Entscheidung einzelner Menschen wie Mose oder Elija, sondern eine über mehrere Jahrhunderte ablaufende Entwicklung (Schwienhorst-Schönberger, 2023). Im ausgehenden 7. Jahrhundert v. Chr. entstehen zunächst monolatrische Tendenzen (bevorzugte Verehrung eines Gottes), erst im babylonischen Exil (Mitte 6. Jahrhundert) monotheistische (Fischer, 2020). Sowohl Jung als auch Hillman verwenden den Plural des Göttlichen nicht im religionswissenschaftlichen, sondern im archetypologischen Sinn. Der Götterhimmel spannt sich also nicht über dem Olymp auf, sondern in der Vorstellungswelt eines Individuums, das Teil einer Kultur ist. In diesem übertragenen Sinn können Gott und Götter als mythische Metaphern für Archetypen stehen. Jung bezeichnet den »Monotheismus des Bewusstseins« als »unsere wahre Religion«, als eine Besessenheit, verbunden mit der Leugnung der Dissoziabilität unserer Psyche und der Existenz fragmentierter autonomer Systeme, also der Komplexe. Wegen dieses bewusstseinspsychologischen Mechanismus sei unsere Zeit gottlos, profan und abgeschnitten vom Unbewussten (GW 13, § 51). In Fortführung dieses Gedankens spricht sich Hillman (1981) für die Rückkehr zum »Polytheismus« in der Analytischen Psychologie aus. Davon erhofft er sich mehr Toleranz gegenüber verschiedenen Negationen: gegenüber dem Nicht-Normativen, Nicht-Gesunden, Nicht-Perfekten, Nicht-Geordneten …, gegenüber dem Unfertigen in der Psyche und in den Gottesbildern (Moore, 1989, S. 40).

In der geschichtlichen (diachronen) Betrachtung, aber auch in der Gegenwart (synchron) kann eine Pluralität von Gottesbildern beobachtet werden, abhängig von der jeweiligen religiösen Sozialisation, vom Einfluss verschiedener Religionskritiken und von der seelischen Entwicklung. Welche Theismen kommen in den jeweils gewählten Gottesbildern zum Ausdruck? Mit Giegerich (2020b) können wir diese Frage mit Hilfe des Philemon- und Baucis-Mythos amplifizieren und zugleich aktualisieren.

> **Stufen des Philemon- und Baucis-Mythos (nach Giegerich, 2020b)**
>
> - Philemon und Baucis (antiker Mythos): gewähren Zeus und Hermes Gastfreundschaft, bitten darum, beide zur gleichen Zeit sterben zu dürfen. Die Götter verwandeln sie in Priester, ihre Hütte in einen Tempel, lassen den Rest der Stadt untergehen.
> - Faust: will Neues schaffen, Natur und Technik beherrschen, vernichtet die beiden Alten, die seinem Vorhaben im Wege stehen.
> - Jung: schafft in Bollingen ein Philemon-Heiligtum und eine Faust-Sühnestätte.
> - Giegerich: betont die alltägliche Diesseitigkeit der Liebe und Gastfreundschaft der Alten. In dieser alltäglichen Situation erscheinen die Götter als abgerissene Wanderer.
> - Analytische Psychologie heute: Welche Gastfreundschaft bietet sie den Göttern inmitten einer gottlosen Zeit?

Giegerich betont, dass die Stufen des Mythos nicht nur historisierend-diachron zu lesen sind, sondern vor allem in Bezug auf die Analytische Psychologie heute, in einer Zeit, welche die naturzerstörerische Gewalt des faustischen Weltbeherrschungsprogramms immer mehr zu spüren beginnt.

Das mythische Zeitalter, so Giegerich (2020b, S. 35), ist gastfreundlich gegenüber der nonpositivistischen (logisch negativen) Dimension der Welt: gegenüber den Göttern, dem Imaginalen, der inneren und individuellen Ausstrahlung des konkreten Phänomens. Es ist diese Ausstrahlung, die Jung zu seinem Archetypen-Konzept veranlasste. Die Moderne, so Giegerich weiter, verschließe sich hingegen in ihrem Positivismus der Tiefendimension der phänomenalen Welt.

Philemon und Baucis stehen für den »gastfreundlichen« Aspekt der Analytischen Psychologie, der die spirituellen Suchbewegungen des postsäkularen Zeitalters aufgreift, seien diese monotheistisch, polytheistisch (Hillman, 1981), atheistisch oder agnostisch. Goethes agnostischer Faust II hat hingegen den Sinn für die Transzendenz inmitten der schäbigen immanenten Hütten verloren. In seinem Modernisierungsrausch will er begradigen, regulieren, zubetonieren, technisieren, digitalisieren ... Was dem entgegensteht, in seinen Augen die Welt von gestern, muss den Bulldozern weichen.

In Bollingen versöhnt Jung Philemon (und Baucis, als seine »Baucis« Emma schon gestorben war!) mit Faust, dessen verschiedene Seiten ihn zeitlebens beschäftigt hatten (Frick & Lautenschlager, 2008). Daraus ergeben sich Spannungen zu seiner wissenschaftlichen und therapeutischen »Küsnacht«-Seite, auf die Giegerich immer wieder zu sprechen kommt.

6.5 Bilderverbot und Imagination

Im Prozess des entstehenden Monotheismus muss JHWH »Zuständigkeiten« vieler Gottheiten »übernehmen«, sodass die Gottesvorstellung anikonisch und auf das Wort beschränkt werden muss. In der ersten Hälfte des ersten Jahrtausends gab es in Alt-Israel zahlreiche Götterbilder, jedoch keine Abbildungen JHWHs, des Gottes des Exodus, der Wüste und des Windes, der nicht im kanaanäischen Pantheon verankert war. Das Bilderverbot wurde an den Anfang der Thora gestellt und damit an den Anfang der Heilsgeschichte zurückprojiziert. Es betrifft *äußere* Bilder und wurde in der jüdischen, islamischen und ikonoklastisch-christlichen Tradition aufrechterhalten, in Teilen der christlichen Tradition jedoch »zensuriert«. Aus Sicht feministischer Theologie zieht die christliche Zensur des Bilderverbotes und die Festlegung auf Darstellungen des in Jesus menschgewordenen Gottes eine Zensur der Gottes*vorstellung* nach sich, »die heute in manchen Kreisen so weit gediehen ist, dass sie die Bildhaftigkeit jeglicher Rede von Gott vergessen ...« (Fischer, 2020, S. 57).

Die ursprüngliche, alttestamentliche Totalzensur in Bezug auf die personal gedachte Gottheit JHWH ist ikonoklastisch. Sie bewirkt »durch die

6 Gott oder Gottesbild?

Hintertür« je länger desto mehr »eine Explosion der Sprachbilder« (Fischer, 2020, S. 57). Die klassische Stelle, mit der im Folgenden Irsigler argumentiert, stammt aus der priesterschriftlichen Textschicht (Gen 1,26 f.):»Dann sprach Gott: Lasst uns ʾ*adam* (das von der ʾ*adamah*, dem Ackerboden genommene Wesen) machen als unser *ṣäläm* (Abbild), nach unserer *dmūt* (Ähnlichkeit). Sie sollen herrschen über die Fische des Meeres, über die Vögel des Himmels, über das Vieh, über die ganze Erde und über alle Kriechtiere auf dem Land. Gott schuf also ʾ*adam* als sein *ṣäläm*; als *ṣäläm* Gottes schuf er ihn. Männlich und weiblich schuf er sie«.

Die Priesterschrift (6. bis frühes 5. Jh. v. Chr.) folgert wesentlich aus dem dekalogischen Kultbildverbot eine wirkungsgeschichtlich höchst bedeutsame Konzeption theologischer Anthropologie: die Gottebenbildlichkeit oder »Gottbildlichkeit« des Menschen (Gen 1,26–28; 5,1–3; 9,6).»P« vermeidet strikt die dekalogischen Bild-Termini *päsäl* und *tmūnā*: der Mensch ist kein konkretes »Kultbild«. Vielmehr ist er »königlich« (wie der König in Ägypten und Mesopotamien) geschaffen als Bild (*ṣäläm*) Gottes, wie seine Ähnlichkeit / Entsprechung (*dmūt*). Der Mensch in Mann und Frau ist das einzige wahre und legitime Bild Gottes auf der Erde [...]. Das Bilderverbot verbietet keine künstlerische Darstellung religiöser Art, sofern diese nicht eine quasi göttliche Verehrung genießt, und schon gar keine gedanklichen oder sprachlichen Bilder von Gott (Irsigler, 2021, S. 84).

Auch über den biblischen Horizont hinaus besteht eine umgekehrt proportionale Beziehung zwischen dem Bilderverbot einerseits und der Fülle sprachlicher Gottesbilder andererseits.»Gerettet wird das Recht des Bildes in der treuen Durchführung seines Verbots« (Adorno & Horkheimer, 1947, S. 38). Die Nichtfestlegbarkeit stellt eine wichtige Forderung der Anthropologie und der Theologie dar. Nietzsche zufolge ist der Mensch das noch nicht festgestellte Tier (Nietzsche, KGW VI, 2, S. 79), was als Plädoyer für eine negative Anthropologie verstanden werden muss. Parallel dazu wendet sich auch die negative Theologie gegen die begriffliche Festlegung Gottes (Gutschmidt, 2021). Auch das IV. Laterankonzil (1215) definiert klar, man könne zwischen dem Schöpfer und dem Geschöpf keine so große Ähnlichkeit feststellen, dass zwischen ihnen keine noch größere Unähnlichkeit festzustellen wäre. Es liegt demnach eine Ähnlichkeit zwischen Gott und Mensch hinsichtlich der Nicht-Festlegbarkeit vor. Anthropologisch lässt sich diese Nichtfestlegbarkeit in aktuellen Genderdebatten beobachten. Sie gilt jedoch auch und noch fundamentaler in Bezug auf Gott und Gottesbilder. Denn: Die Ähnlichkeit zwischen Gott und Mensch liegt auch darin, dass wir durch Genderdiskurse nicht restlos festlegbar, konstruierbar sind (Wendel, 2007).

Vom Bilderverbot als »Fortschritt in der Geistigkeit« und von dem daraus abgeleiteten Ikonoklasmus Freuds war bereits die Rede (▶ Kap. 1). Im Laufe der Individuation entstehen weitgehend unbewusste Elternbilder (Imagines, Komplexe) durch Trennung von den (äußeren) Eltern der eigenen Lebensgeschichte und Introjektion (Verinnerlichung) von Beziehungserfahrungen mit Vater und Mutter. Huth weist mit Meerwein (1971, S. 372) darauf hin, dass gerade angesichts des Todes Gott als etwas Verbindendes auftauchen kann, das gerade nicht introjizierbar ist: »Das Wort Gott würde dann auch in psychoanalytischer Sicht eine Allmacht zu umgreifen suchen, von der Bildnis oder Gleichnis eben gerade nicht zu bewerkstelligen sind und die sich deshalb der ikonoklastischen Intention der Psychoanalyse entzieht«.

> Dieser – psychoanalytisch ausgedrückt – nicht introjizierbare Gott, von dem man sich kein Bild noch Gleichnis machen kann und der sich daher auch [...] den ikonoklastischen Intentionen der Psychoanalyse entzieht, wird in seiner Bedeutung für den Gläubigen nur dann richtig verstanden, wenn man sieht, dass man ihm in jener Dimension von erschreckender, ja »donnernder Stille« begegnen kann, von der der Zen spricht, und dass Gott zugleich das der Seele innigst Vertraute ist, wie Jung es einmal ausgedrückt hat. So wird auch begreiflich, dass die Vielgestaltigkeit der verschiedenen Konfessionen nicht für [sic!] die Absurdität des religiösen Glaubens zeugt, sondern dass angesichts der Unauslotbarkeit des Gottesbildes immer nur bestimmte Aspekte thematisiert werden können, sei es die Idee eines höchsten Geistes im Judentum, sei es die Idee eines sehr persönlichen Gottes im Katholizismus, die Idee eines weitgehend internalisierten Vaters im Calvinismus oder der genannte transpersonale Aspekt Gottes in den östlichen Religionen (Huth, 2023, S. 206).

6.5.1 Zwischen Einbildung und Entbildung (Meister Eckhart)

Der uns geläufige Bildungsbegriff (Entfaltung der geistigen Fähigkeiten, Ergebnis des Erziehens) entsteht erst im 18. Jahrhundert und hängt sprachgeschichtlich und inhaltlich mit »bilden« und »Bild« zusammen.

6 Gott oder Gottesbild?

Die deutsche Mystik, namentlich Eckhart von Hochheim, übernimmt den Begriff »Bildung« aus der handwerklichen Sprache und prägt ihn damit als spirituellen und archetypischen Begriff, bei dem es zentral um göttliches Urbild und menschliches Abbild geht (Kunstmann, 2009). Was die (inneren) Gottesbilder angeht, so lehrt Eckhart eine Dialektik zwischen Wertschätzung der Imagination (Ein-Bildung) einerseits und dem Loslassen der Bilder (Ent-Bildung) als spirituelles Entwicklungsziel andererseits.

Swenne ich predige, sô pflige ich ze sprechenne von abegescheidenheit und daz der mensche ledic werde sîn selbes und aller dinge. Ze dem andern mâle, daz man wider îngebildet werde in daz einvaltige guot, daz got ist. Ze dem dritten mâle, daz man gedenke der grôzen edelkeit, die got an die sêle hât geleget, daz der mensche dâ mite kome in ein wunder ze gote. Ze dem vierden mâle von götlîcher natûre lûterkeit — waz klârheit an götlîcher natûre sî, daz ist unsprechelich. Got ist ein wort, ein ungesprochen wort (Predigt 53 Misit dominus manum suam: Largier & Quint, 1993a, S. 564).[4]

Der Anfang von Predigt 53 fasst Eckharts mystisches Grundprogramm zusammen: Die Abgeschiedenheit als Voraussetzung der Gottesbeziehung. Ähnlich wie in den Ignatianischen Exerzitien geht es dabei nicht nur um äußerliche Vorbedingungen (Stille, für das Gebet reservierte Räume und Zeiten, Entlastung von alltäglichen Aufgaben usw.), sondern um die Haltung des »Ledigseins« von sich selbst und von den Dingen.

Dann folgt das entscheidende Wort: Der Mensch solle wieder »eingebildet« werden »in das einfältige Gut, das Gott ist«. Mit anderen Worten: Gott ist das Urbild, der Archetypos, der Prägestempel. Der mystisch suchende Mensch wird von diesem Urbild geprägt, eingebildet.

In dialektischer Spannung zu dieser Ein-Bildung lehrt Eckhart das Loslassen, die Ent-Bildung:

Daz minneste crêatiurlîche bilde, daz sich iemer in dir erbildet, daz ist als grôz, als got grôz ist. War umbe? Dâ hindert ez dich eines ganzen gotes. Rehte dâ daz bilde

---

4 Wenn ich predige, so pflege ich zu sprechen von Abgeschiedenheit und daß der Mensch ledig werden soll seiner selbst und aller Dinge. Zum zweiten, daß man wieder eingebildet werden soll in das einfaltige Gut, das Gott ist. Zum dritten, daß man des großen Adels gedenken soll, den Gott in die Seele gelegt hat, auf daß der Mensch damit auf wunderbare Weise zu Gott komme. Zum vierten von der Lauterkeit göttlicher Natur – welcher Glanz in göttlicher Natur sei, das ist unaussprechlich. Gott ist ein Wort, ein unausgesprochenes Wort.

îngât, dâ muoz got wîchen und alliu sîn gotheit. Aber dâ daz bilde ûzgât dâ gât got în [...]. Ganc dîn selbes alzemâle ûz durch got, sô gât got alzemâle sîn selbes ûz durch dich (Predigt 5b In hoc apparuit caritas dei in nobis: Largier & Quint, 1993a, S. 72f).[5]

Das »eingebildete« innere Bild ist das geschaffene, »kreatürliche«, das letztlich hinderlich wird, wenn es mit Gott selbst verwechselt wird. Deshalb muss das kreatürliche Bild weichen, damit Gott selbst hineingehen kann. Aber mehr noch: Gott wird um des gottsuchenden Menschen willen aus sich selbst herausgehen, wenn dieser ganz aus sich herausgeht.

> Der sehste grât ist, sô der mensche ist *entbildet und überbildet* von gotes êwicheit und komen ist in ganze volkomen vergezzenlicheit zerganclîches und zîtlîches lebens und gezogen ist und übergewandelt in ein götlich bilde, gotes kint worden ist. Vürbaz noch hœher enist enkein grât, und dâ ist êwigiu ruowe und sælicheit, wan daz ende des innern menschen und des niuwen menschen ist êwic leben (Liber Benedictis, von dem edeln menschen: Largier & Quint, 1993b, S. 320).[6]

Ent- und überbildet soll der mystische Mensch werden, sodass er wirklich ein Bild und Kind Gottes wird.

Ein weiterer möglicher Berührungspunkt zwischen Psychologie und Spiritualität, der auf der Hand zu liegen scheint, liegt in der Bewältigung von Lebenskrisen, von Krankheits- und Leiderfahrungen. Wenn der Boden des eigenen Lebens ins Schwanken gerät, suchen viele Menschen Hilfe entweder in psychologischer Beratung – oder auch bei Gott. So könnte man zumindest meinen. Aber ist das wirklich so?

---

5 Das geringste kreatürliche Bild, das sich je in dich einbildet, das ist so groß, wie Gott groß ist. Warum? Weil es dich an einem *ganzen* Gott hindert. Eben da, wo dieses Bild <in dich> eingeht, da muß Gott weichen und seine ganze Gottheit. Wo aber dieses Bild ausgeht, da geht Gott ein. [...] Geh' völlig aus dir selbst heraus um Gottes willen, so geht Gott völlig aus sich selbst heraus um deinetwillen.

6 Die sechste Stufe ist es, wenn der Mensch entbildet ist und überbildet von Gottes Ewigkeit und gelangt ist zu gänzlich vollkommenem Vergessen vergänglichen und zeitlichen Lebens und gezogen und hinüberverwandelt ist in ein göttliches Bild, wenn er Gottes Kind geworden ist. Darüber hinaus noch höher gibt es keine Stufe, und dort ist ewige Ruhe und Seligkeit, denn das Endziel des inneren Menschen und des neuen Menschen ist: ewiges Leben.

6.6 Gottesbild und Bindungsstil

Roesler (2022, S. 256) zufolge bezieht sich Jungs wichtigster psychologischer Beitrag auf das Geheimnis des Wandels in der menschlichen Entwicklung, und dies verknüpfe die Analytische Psychologie mit religiösen und insbesondere mit mystischen Traditionen. Hingegen kritisiert Roesler biologische und andere positivistische Begründungsansprüche im Zusammenhang mit dem Archetypen-Konzept.

Mit Meister Eckhart können wir Gott als Urbild, Archetyp (»großes Muster« und »Prägestempel«: Hoerni-Jung, 2009) auffassen und das Gottesbild als davon abgeleitete »Einbildung« (▶ Kap. 6.5.1). Entscheidend für ein archetypisches Muster ist nach Roesler dessen Universalität. Für das Gottesbild heißt dies: Nicht nur religiöse Menschen haben ein Gottesbild, sondern auch atheistische und agnostische.

Universal-archetypisch ist auch das von Bowlby (1970/1975) begründete Bindungskonzept (Knox, 2003). Die Bindungstheorie beschreibt, wie am Beginn des Lebens zwischen dem Baby und der Mutter oder einer anderen Pflegeperson geteiltes Fühlen und Denken (Mentalisieren) entstehen. Die Qualität des Mentalisierens geht einher mit der erlebten Bindungssicherheit.

Auch zu Gott oder einer anderen transzendenten Figur kann eine Bindungsbeziehung aufgebaut werden. Die Attachment-to-God-Theorie beschreibt Analogien zwischen der Beziehung zu einem personalen Gegenüber und der zu Gott (oder einer transzendenten Figur). Legt man diese Theorie der Gottesbeziehung eines Gläubigen zu Grunde, der als Kind viel Bindungssicherheit erfahren hat, so kann man seine Beziehung mit derjenigen des Säuglings zu seiner Mutter vergleichen: Die Beziehungsinitiative liegt beim Säugling. Er wendet sich an die Mutter, die in feinfühliger Weise auf seine Bedürfnisse eingeht, prompt, adäquat und wirksam seine Bedürfnisse befriedigt und seine Wünsche erfüllt.

Nun haben nicht alle gläubige Menschen die Erfahrung sicherer Bindung gemacht und diese Erfahrung, wie Bowlby sagt, als »inneres Arbeitsmodell« mit in ihr Leben genommen, das in Situationen von Trennung, starker Belastung oder emotionaler Erschütterung aktiviert wird. Außerdem geht nicht nur die frühkindliche Entwicklung, sondern auch das spätere Leben des gläubigen Menschen »von der Wiege bis zur Bahre« mit Versagungen einher. Kirkpatrick entwickelte daher im Rahmen der Attachment-to-God-Theorie zwei Hypothesen, die sich mit dem biografischen Zusammenhang zwischen Gottesbeziehung, Gottesbild und Bindungssicherheit befassen, die Korrespondenz- und die Kompensationshypothese:

- Korrespondenzhypothese: Die inneren Arbeitsmodelle von sich und anderen werden auf Gott übertragen, d. h.: Sicher-gebundene Personen entwickeln eine Beziehung zu Gott, die als liebend und sorgend wahrgenommen wird. Unsicher-gebundene Personen hingegen entwickeln entweder keine Beziehung zu Gott oder eine distanzierte oder abweisende.
- Kompensationshypothese: Gott wird als »Ersatzbindung« benutzt, sodass frühe Entbehrungen ausgeglichen, kompensiert werden können, d. h.: Unsicher-gebundene Personen können nachträglich die Sicherheit erlangen, die sie schmerzlich vermisst haben.

Worin liegt der Unterschied zwischen einem konkreten, menschlichen Gegenüber und Gott als Bindungsfigur? Auf den ersten Blick sind die personalen Eigenschaften und Qualitäten menschlicher Beziehungen anhand des konkreten Erlebens erfahr- und überprüfbar, während der transzendente Gott nur ein mentales Konstrukt ist, dessen Eigenschaften nicht überprüfbar sind. Rizzuto (2002) zeigt jedoch, dass das Gottesbild im Übergangsbereich der elterlichen Abwesenheit entsteht und insofern Aspekte der Bindungserfahrungen mit den primären Bezugspersonen *und* kollektive, archetypische Inhalte umfasst.

Die archetypische Verankerung des Gottesbildes in der mentalen inneren Welt hat den Vorteil, dass konkrete Interaktionserfahrungen das Gottesbild trotz aller Ambivalenzen nicht erschüttern können: Gott bleibt ein unergründliches Geheimnis. Mehr noch als Bindungsrepräsentationen der eigenen Eltern, Kinder, Partner usw. bietet das Gottesbild Spielraum bezüglich des Umgangs mit Unsicherheiten, die die jenseitige Welt betreffen. Das Gottesbild, so sehen wir mit Rizzuto (2002), kann wie ein verräumter und fast vergessener Teddybär aus Kindertagen wieder vom inneren Dachboden hervorgeholt und mit neuer Libido, neuer Bedeutung besetzt werden. Dies kann im Lauf des Lebens immer dann geschehen, wenn das Bindungssystem aktiviert wird, z. B. in einer der vielen Abschiedssituationen, die unser Leben durchziehen, und schließlich in der Sterbesituation. Die Bindungstheorie bietet so nicht nur eine Basis für psychotherapeutische Interventionen in der Palliativmedizin (Müller & Petersen, 2023). Vielmehr hilft sie auch, verschiedene Ausprägungen des Gottesbildes und deren Bedeutung in der Sterbesituation zu verstehen.

Die vier Bindungstypen (▶ Abb. 6.2) sind keine pathologischen Kategorien, obwohl sich auch Störungen des Erlebens, Verhaltens und der Beziehung mit Hilfe der Bindungstheorie verstehen und behandeln lassen. Vor allem aber kann die Zuordnung des Gottesbildes eines sterbenden Menschen zu einem der Bindungstypen dem palliativmedizinischen Personal dabei helfen, feinfühlig auf die Bedürfnisse dieser Person und ihrer An- oder Zugehörigen einzugehen. Dazu gehört die spirituelle Orientierung, die sich im jeweiligen Gottesbild verdichtet.

H. F. Lytes Gedicht *Abide with me; fast falls the eventide*, ist v. a. bekannt geworden in W. H. Monks Vertonung als Abend- und Sterbelied, das aber auch bei Sportveranstaltungen gerne gesungen wird:

> ABIDE with me; fast falls the eventide;
> The darkness deepens; LORD, with me abide;
> When other helpers fail, and comforts flee,
> Help of the helpless, oh abide with me.

Die Pole des Bleibens (»abide«) sowie des Vergehens und der verfließenden Zeit in der zweiten Satzhälfte (»fast falls the eventide«) wechseln einander im gesamten Gedicht in mehreren Variationen ab. Beide Momente sind dabei untrennbar miteinander verbunden: Im Vergehen ist auch ein Moment, das Bleiben gewährt. Umgekehrt kann das Bleiben nicht festgehalten werden, es mündet im Vergehen. Der vergehende Moment schöpft seine Intensität daraus, dass er dem Bleiben unterworfen ist, das jetzt noch währt, aber vergehen muss (Whitehead, 1957, S. 338).

Anhand von vier Fallgeschichten aus Yvonne Petersens klinischer Erfahrung (Frick & Petersen, 2023) soll dies nun verdeutlicht werden.[7] In

---

[7] Material from: Frick, E. & Petersen, Y. (2024). Struggle and blessing. Spirituality and attachment in palliative care. In Best, Megan C (Ed.), Spiritual care in palliative care: What it is and why it matters (S. 249–262). Springer Cham. Under

6.6 Gottesbild und Bindungsstil

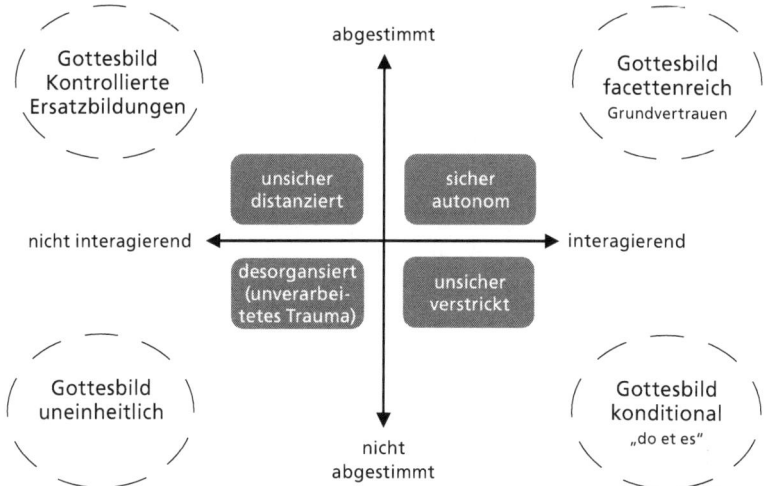

Abb. 6.2: Reaktionsmöglichkeiten (Interaktionsfähigkeit) und Fähigkeit zur emotionalen Abstimmung im Umgang mit der Unsicherheit im Sterbeprozess in Abhängigkeit vom jeweiligen Bindungsstil. Material from: Frick, E. & Petersen, Y. (2024). Struggle and blessing. Spirituality and attachment in palliative care. In Best, Megan C (Ed.), Spiritual care in palliative care: What it is and why it matters (S. 249–262). Springer Cham. Under exclusive licence to Springer Nature Switzerland AG. Reproduced with permission of SNCSC.

diesen Begegnungen wird ein palliativ-psychosomatischer Zugang (Anneser & Frick, 2023) gewählt – je nach Situation mit stärkerem Anfangsfokus auf den körperlichen Beschwerden oder auf der Bindungskonstellation. Wir beginnen mit dem Fallbeispiel, das sich dem sicheren Bindungsstil zuordnen lässt, also dem I. Quadranten in ▶ Abb. 6.2. Dieser Bindungsstil ermöglicht sowohl Handlungs- als auch Schwingungsfähigkeit, die Möglichkeit der Abstimmung mit der transzendenten Bindungsfigur und die Akzeptanz gegensätzlicher Aspekte des Gottesbildes.

---

exclusive licence to Springer Nature Switzerland AG. Reproduced with permission of SNCSC.

6.6.1 Sicher-autonomer Bindungsstil

Frau H.: Sichere Bindungsqualität im Sterbeprozess

Die 87-jährige Frau H. leidet an einem weit fortgeschrittenen Mammakarzinom, wegen starker Schmerzen und Verschlechterung ihres Allgemeinzustandes war sie aufgenommen worden. Laut der Angaben von Pflege und betreuendem Arzt scheint sie ihre Situation sehr genau zu erkennen, spricht auch über ihren baldigen Tod. Sie sei sehr traurig, habe einen starken Sterbewunsch. Ich werde wegen des Verdachts auf depressive Verstimmung hinzugezogen, um die Indikation für eine psychotherapeutische Intervention zu klären.

Auf mein Klopfen höre ich ein deutliches »Herein«.

Die Patientin liegt im Bett, dreht bei meinem Eintreten den Kopf zu mir und lächelt: »Sind Sie die Psychotherapeutin?« Ich bejahe. Sie macht eine einladende Geste und bittet mich, mich zu setzen. Sie wartet, bis ich sitze, dann sagt sie: »Schön, dass Sie zu mir kommen«. Ich sitze und sehe sie an.

Sie beginnt zu sprechen: »Ich habe ein gutes Leben gehabt, habe gute und schwierige Zeiten erlebt. Meine Kindheit war glücklich. Wir waren vier Geschwister, unsere Eltern waren sehr gute Menschen, liebevoll und unterstützend – wir mochten uns sehr. Ich musste früh ausziehen, um Geld zu verdienen, wir waren arm.« Ich frage nach, wie sie das erlebt habe. Die Trennung sei sehr schwer gewesen, aber der Glaube habe sie immer mit ihrer Familie verbunden. Ihr Glaube habe sie durch das ganze Leben getragen, auch wenn es ganz schlimm war. Hier verstummt sie, beginnt zu weinen. »Meinen Mann und ein Kind habe ich mit 35 Jahren verloren. Wir hatten einen Unfall, Luischen war 7 Jahre alt.« Sie weint, sucht meine Hand. Ich halte ihre Hand, streichle sie zart.

Sie erzählt den Unfallhergang, kann oft nicht weitersprechen; das sei zu viel für sie gewesen, sie habe sich am Unfall schuldig gefühlt und habe nicht mehr weiterleben wollen. Es habe lange gebraucht, den Mut zum Leben zu finden. Ich frage nach, was ihr geholfen habe, diese Krise zu meistern: »Mein kleiner Sohn und mein Glaube an Gott. Ich habe gewusst, dass ich für mein Kind weiterleben muss. Das hat mich gerettet.« Sie habe sich damals aktiv in ihrer Kirchengemeinde betätigt, habe von dort viel Zuspruch und Hilfe erfahren. Dafür sei sie dem Himmel dankbar.

Frau H. erzählt weitere Begebenheiten aus ihrem früheren Leben, begleitet die Erlebnisse mit adäquaten Emotionen.

Sie habe genug gelebt, jetzt könne sie in Frieden gehen. Ihr Sohn sei vor zwei Jahren verstorben – sie weint erneut, lächelt mich aber dabei an: Sie freue sich, ihn wiederzusehen. Den Gedanken finde sie beruhigend.

Sie wirkt jetzt sehr erschöpft. Es habe ihr gutgetan, über ihr Leben und die Lebensschmerzen zu sprechen. Sie nimmt meine Hand und sieht mich an: »Danke für Ihr Zuhören.«

Als ich sie einige Tage später nochmals besuchen will, erfahre ich, dass sie sich die Sterbesakramente gewünscht habe und in der Nacht ganz ruhig verstorben sei.

Was ist in diesem Beispiel typisch für einen »sicheren Bindungsstil«?

Frau H. kann über gute, aber auch schwierige Begebenheiten in ihrem Leben kohärent und selbstreflexiv mit stimmigen Emotionen berichten. Sie kann positive und negative Erfahrungen gut einordnen, hat eine starke Resilienz und gute Ressourcen. Gute Erfahrungen kann sie wertschätzen. Die wichtigste Ressource ist ihr starker Glaube: In Krisensituationen kann sie sich auf die sicher integrierte Basis »Gott ist ein zuverlässiger Partner« stützen und in der großen Krise des Verlustes von Mann und Kind den Lebenssinn wiederfinden. Auch im Sterbeprozess hilft ihr die transzendente Idee des Wiedersehens mit ihrem Sohn, um ihr baldiges Sterben zu erleichtern.

Frau H.s Gottesbild kann so zusammengefasst werden: Gott ist ein zuverlässiger Partner«, dessen Zuverlässigkeit sie bis ins Jenseits extrapoliert. Die Transzendenz Gottes und des Wiedersehens mit ihrem Sohn sind miteinander verwoben, sodass man mit Rizzuto sagen kann, dass sich Frau H.s Gottesbild sowohl aus biografisch-familiären Quellen speist als auch aus kirchlich-archetypischen Inhalten. Wie steht es mit der Normativität ihres Gottesbildes, nicht nur im Hinblick auf soziale Erwünschtheit im kirchlichen Kontext, sondern auch aus therapeutischer und bindungstheoretischer Sicht? Grundsätzlich gilt: Authentizität ist wichtiger als

Normativität. Im vorliegenden Fall bestätigt die ärztliche Psychotherapeutin implizit, dass die Patientin psychotherapeutisch »im grünen Bereich« ist, nicht als depressiv etikettiert werden muss. Die Ärztin nimmt die Hand der Patientin, begleitet »auf Augenhöhe« ihren Abschiedsschmerz und ihre Jenseits-Hoffnung. Ähnlich wie Jungs Hiob, der trotz aller Gegensatzspannungen nicht an der Einheit des Gottesbildes zweifelt, kann der sicher gebundene Mensch mit widersprüchlichen Aspekten seines Lebens und seiner Gotteserfahrung umgehen.

Dieselbe nicht-wertende, nicht-normative und bedürfnisorientierte Grundhaltung ist auch bei nicht-sicher gebundenen Menschen angemessen wie bei Herrn S., der seine Distanzierung unmittelbar bei der Kontaktaufnahme zum Ausdruck bringt:

6.6.2 Unsicher-distanzierter Bindungsstil

Herr S.: Unsicher-distanzierter Bindungsstil

Der 65-jährige Herr S. war wegen starker Schmerzen und schlechtem Allgemeinzustand bei einem weit fortgeschrittenen Pankreaskarzinom aufgenommen worden.

Der Sohn hatte ihn gebracht, war aber sofort nach der Einlieferung gegangen: Er habe viel zu tun, müsse jetzt ins Büro, könne nicht auf einen Arzt warten. Der solle sich halt melden, wenn es etwas Besonderes gäbe.

Der Patient liegt beim Erstgespräch im Bett und hat seine Augen geschlossen. Mir fällt ein sehr angespannter Gesichtsausdruck auf, die Hände liegen geballt auf der Bettdecke.

Ich stelle mich als seine Stationsärztin vor und setzte mich zu ihm ans Bett. »Ich warte auf den Chefarzt, ich bin Privatpatient und mir geht es schlecht. Ich habe Schmerzen.« Ich spüre Ärger, aber auch Verzweiflung. »Ist es o. k., dass ich die Schmerzen behandle, bis er nachher zu Ihnen kommt?« Er öffnet die Augen und sieht mich kurz an: »Können Sie das auch?« Ich lächele ihn an: »Na, ich denke schon.« – »Na, dann machen Sie mal!«, sagt er und schließt die Augen, ohne dass seine Mimik sich verändert.

Ich sehe mehrfach nach ihm, er benötigt mehrfach Schmerzmittel, bis die Schmerzen fühlbar nachlassen. »Das hat ja ziemlich gedauert, bis Sie das hingekriegt haben«, meint er, »aber trotzdem danke.« Ich spüre einen leichten Ärger, meine aber, dass es für eine Konfrontation nicht der richtige Moment sei. Auf meine Antwort, »Ich bin Ärztin. Ich habe Ihre große Not gespürt und professionell gehandelt«, schließt er die Augen, ohne zu antworten.

In den kommenden Tagen bleibt er schmerzfrei, ist aber schwierig zu versorgen. Die Schwestern klagen, er wolle alles selbstständig machen, sei gefährdet zu stürzen. Nachts melde er sich nicht, gehe alleine ins Bad. Er sei anspruchsvoll, man könne ihm nur schwer etwas recht machen. Er betone seinen Status als sehr erfolgreicher, bekannter Akademiker. Sein Sohn habe ihn nur einmal besucht, sei schnell wieder weg gewesen, habe sich nicht beim Personal gemeldet.

Bei den Visiten erzählt er viel von seinen beruflichen Erfolgen, betont seinen schwierigen Karriereweg; er habe viel schuften müssen, um sich das Studium zu finanzieren. Die Eltern hätten ihn zwar unterstützt, allerdings nach deren eigenen Vorstellungen. Sein Vater, ein strenger Pastor, habe eine theologische Ausbildung bevorzugt und seinen akademischen Weg zum Wirtschaftsfachmann missbilligt. Bei meiner Frage nach der Mutter zuckt er die Achseln und macht eine wegwerfende Bewegung: Die habe nur gebetet und alles gemacht, was der Vater wollte.

Er sei als Jugendlicher oft »schlimm« gewesen; er sei auch ausgebüchst. Sein Vater habe ihn immer wieder für seine Aufsässigkeit konsequent bestraft – das habe er bestimmt auch verdient. Auf Nachfrage, wie oft sein Vater ihn bestraft habe, kann er sich nicht mehr so genau erinnern, das sei doch so lange her, es habe ihm auch nichts ausgemacht, er habe trotzdem ein gutes Verhältnis zu seinem Vater gehabt. An weitere Details aus seiner Kindheit kann er sich nur ungenau erinnern.

Bei meinen Fragen nach seiner jetzigen Familie wechselt er das Thema.

Von der Pflege erfahre ich, dass seine Frau seit einigen Jahren getrennt von ihm lebt. Der einzige Sohn sei ein erfolgreicher Anwalt. Er sei mächtig stolz auf ihn und es sei sehr in Ordnung, dass er auch jetzt keine Zeit für ihn habe. »Ich möchte ihm nicht zur Last fallen.«

Nach einem akuten medizinischen Ereignis geht es ihm schlechter, er möchte mich sprechen.

Er beginnt stockend, kann nicht weitersprechen. Meine spontan auf seinen Arm gelegte Hand umfasst er sehr fest. Er weint, zunächst verhalten, dann immer heftiger. Ich bleibe still bei ihm, halte die Hand. Nach einer längeren Zeit fängt er sich wieder und lächelt mich an. »Danke«, sagt er, »das hat gut getan.« Ich lächle zurück, bleibe noch bei ihm. »Ich habe so große Angst vor dem Sterben. Ich war ein sehr gläubiges Kind, der Glaube hat mir oft sehr geholfen. Gott war für mich wie ein Anker. Dann habe ich den Glauben in meiner Karriere vergessen, alles Andere wurde wichtiger: meine Erfolge, mein Geld. Über Glauben habe ich nur noch gelacht.«

Am Abend zuvor habe er ein sehr berührendes Erlebnis gehabt, das ihn erschüttert habe: Eine Krankenschwester, eine indische Nonne, habe ihm angeboten zu beten. Sie habe mit ihm die alten Worte des »Vater Unser« gefunden und habe ihm beim Abschied ein Kreuz auf die Stirne gemacht. Das habe ihn sehr bewegt. Jetzt fühle er, dass er nicht mehr lange lebe und habe Angst, habe aber das Gefühl, für Gebete und religiöse Zuwendung nicht mehr »berechtigt« zu sein.

Ich biete ihm einen Seelsorger an, aber er lehnt ab; er wolle mit mir über seine Angst sprechen. Er hinterfragt meine eigenen Gedanken zum Glauben und meine Erfahrungen zu diesem Thema in meiner Arbeit als Palliativärztin. Ich gebe gerne Auskunft. Wir sprechen über meine Erfahrungen und über seine Ängste der »Nicht-Berechtigung«. Er hört sehr genau zu, meint, das habe ihm geholfen, er fühle sich jetzt ruhiger.

In der folgenden Nacht kommt es zu einer akuten Verschlechterung, am folgenden Morgen ist er sterbend. Als ich mich zu ihm ans Bett setze, öffnet er kurz die Augen – er wirkt entspannt, ich meine, ein Lächeln zu sehen. Einige Stunden später stirbt er friedlich.

Was ist hier typisch für ein unsicher-distanziertes Bindungsmodell?

Eigentlich würde man bei dem unsicher-distanzierten Bindungstyp eher eine bindungsvermeidende Haltung zu einer transzendenten Figur erwarten, im Falle des Patienten Gott. Das Gegenteil ist aber der Fall: Gott wird bei dem Patienten in seiner Kindheit im Sinne der Kompensations-

6.6 Gottesbild und Bindungsstil

hypothese als allzeit abgreifbare Figur eingesetzt; die Fehlstelle der emotional distanzierten Eltern kann mit der Bindungsfigur Gott angereichert werden – »Gott war für mich ein Anker«.

Später wird die Kompensation durch eine spirituelle Figur mit den Ersatzfiguren »Karriereerfolg, Geld« und »erfolgreiche Außenwirkung« ausgetauscht.

Bindungsprobleme, die für das Team im distanzierten Verhalten des Sohnes sichtbar werden, passen nicht in sein Selbstbild und werden entweder idealisiert (»Mein Sohn hat keine Zeit für mich und das ist in Ordnung. Ich bin sehr stolz auf ihn.«) oder einfach durch Themawechsel übergangen und ausgeklammert.

Erst mit der akuten Verschlechterung seines Zustandes werden seine tiefen Ängste sichtbar. Er kann die psychotherapeutisch ausgebildete Stationsärztin als Vertrauensperson nutzen, um seine nun nicht mehr kompensierbaren Emotionen von Trauer und Angst offen zu zeigen. Ihre haltende Präsenz und die feinfühlig-tröstende Berührung kann er jetzt annehmen. Er vermag sich in seiner vermeintlichen Schwäche zu zeigen und wird gehalten – ein für ihn wohl erstmaliges Ereignis und eine emotional korrigierende Erfahrung, die berührt und beruhigt.

In dieser emotional offenen Seelenhaltung kann er die spirituelle Begegnung mit der indischen Nonne als tiefes, in der Kindheit verankertes Erlebnis einer kompensatorisch tragenden transzendenten Figur Gott von Neuem erfahren und jetzt, als erwachsener Mensch, reflektieren. Indem die Ärztin auf seine spirituellen Gedanken eingeht und keine Scheu hat, sich selbst zu zeigen, kann er Konflikte wie die Frage der »Nicht-Berechtigung« ansprechen und lösen.

Zusammengefasst ist Herrn S.' Gottesbild ein gutes Beispiel für die Kompensationshypothese der Attachment-to-God-Theorie und zugleich für die therapeutische Notwendigkeit, feinfühlig auf den Bindungsstil des Patienten einzugehen. »Gott als Anker« stellt ein Übergangsobjekt dar, das im Sinne Rizzutos bald mehr, bald weniger beachtet wird, aber auf Anforderung zur Verfügung steht, »vom Dachboden zurückgeholt wird«. In der palliativen Situation wird das Gottesbild zu einer stabilisierenden Ressource, die dem Patienten ein beruhigtes Sterben ermöglicht.

6.6.3 Desorganisierter Bindungsstil (unverarbeitetes Trauma)

Frau N.: Desorganisierter Bindungsstil

Frau N. war 41 Jahre alt. Sie litt seit zwei Jahren an einem weit fortgeschrittenen Mammakarzinom, das bisher nur bestrahlt worden war; eine Chemotherapie oder weitere sinnvolle tumorspezifische Therapien waren von der Patientin abgelehnt worden. Laut Arztbericht hatte sie sich alternativen Therapien zugewandt, die den Tumorprogress nicht aufgehalten hatten. Sie litt jetzt an starken lokalen Schmerzen im Bereich des offenen Mammatumors und Bewegungsschmerzen, die wahrscheinlich von Knochenmetastasen ausgelöst wurden.

Der Hausarzt hatte uns mitgeteilt, dass er mit der Patientin große Probleme habe: Sie verleugne den Progress und richte ihre ganze Hoffnung auf heilende Objekte, die sie von ihrem spirituellen Meister, einem Heiler, bekommen habe. Er könne nichts für die Patientin tun, wisse sich keinen Rat, wie er ihr helfen könne. Auf die Behandlung in der Palliativstation habe sie sich nur eingelassen, wenn sie nach einem Tag wieder gehen könne.

Bei der Aufnahme sehe ich eine abgezehrte, maskenhaft lächelnde Frau, die mich mit den Worten begrüßt: »Schön, dass Sie kommen, ich möchte morgen nach Hause!«

Sie sitzt auf einem Stuhl, es riecht sehr unangenehm. Eine unausgepackte Tasche steht neben ihr.

»Prima«, sage ich, »gut, dass Sie zu uns gekommen sind. Wir haben ja nur einen Tag, um ihnen zu helfen – also fangen wir gleich an!« Ich lächle sie ebenfalls an und setze mich zu ihr. Der leichte, zugewandte Ton scheint ihr zu gefallen. »O. k.«, sagt sie. »Super«, erwidere ich, »dann sagen Sie mir doch bitte, wie ich ihnen helfen kann.« – »Meine Brust. Sie heilt sehr schön, aber der Heilungsprozess tut sehr weh. Und mein Rücken, ich kann kaum laufen – jede Bewegung schmerzt.« Ich frage sie, ob ich mir ihre Brust ansehen und eine vorsichtige körperliche Untersuchung durchführen dürfe. Sie sieht mich an und zögert. Dabei hat sie ihre Augen forschend auf mich gerichtet. Ich halte ihren Blick, lächele. »Na, gut«, meint sie.

Ich helfe ihr beim Aufstehen. Sie versucht sich hinzulegen, stöhnt dabei laut. »Ach, Sie Arme«, sage ich, »Sie haben ja scheußliche Schmerzen. Wenn Sie möchten, bringe ich Ihnen ein Schmerzmittel.« Sie schließt die Augen und nickt.

Nach der Gabe eines starken Schmerzmittels warte ich erst einmal, sehe aber immer wieder nach ihr. Es geht ihr besser. Die körperliche Untersuchung lässt sie zu. Der Tumorbefund und auch der Körperbefund weisen auf eine ausgedehnte Metastasenbildung hin. Während der Untersuchung hat sie die Augen geschlossen, in der Hand hält sie einen grauen Stein. Es sei ihr »Heilstein«, sagt sie auf Nachfrage. Auf dem Nachttisch liegen weitere Steine in verschiedenen Farben. Interessiert frage ich nach der Bedeutung der Steine. Sie sieht mich wieder forschend an: »Die helfen mir, gesund zu werden«, meint sie. »Dann hätten die Steine eine große Aufgabe«, meine ich.

Die Nacht ist problematisch, die Patientin hat Schmerzen, die Medikamentengabe ist schwierig. Sie wartet auf meine Visite. Es entspinnt sich ein Gespräch über die gewünschte Entlassung. Ich dränge sie nicht, sie möchte die Klinik verlassen. Wir einigen uns darauf, dass sie jederzeit wieder kommen kann.

Am nächsten Vormittag steht sie vor der Türe. »Ich kann nicht mehr, die Schmerzen.« Ohne Kommentar nehmen wir sie auf und können sie innerhalb der nächsten Tage gut versorgen. Die Steine liegen bei ihr, den »Heilstein« hält sie fest.

In einer Visite erzählt sie spontan von sich. Sie habe, dank eines Heilers, den Tumor als Aufgabe erkannt. Sie sei überzeugt, durch die gesegneten Steine geheilt zu werden, um dann ein neues, besseres Leben zu beginnen.

Auf Nachfrage erzählt sie aus ihrer Biografie. Sie sei als uneheliches Kind geboren, ihre Mutter sei psychisch instabil gewesen und habe sich nicht gut um sie kümmern können, sei immer wieder länger in psychiatrischen Kliniken gewesen. Sie habe als Pflegekind in mehreren Familien gelebt. Hier bricht sie plötzlich ab, driftet weg. Ich berühre sie vorsichtig, nenne ihren Namen. Sie sieht mich an, dann dreht sie sich weg.

Ich erfahre in den nächsten Visiten von einer problematischen Jugend, die Mutter habe immer wieder versucht, sich um sie zu kümmern.

Sie sei als Jugendliche oft abgehauen, habe immer wieder Drogen genommen. Trotzdem habe sie ihre Ausbildung als Kauffrau geschafft und damit Geld verdient. Nach mehreren missglückten Beziehungen habe sie spät einen Mann kennengelernt und mit ihm zwei Kinder bekommen.

Ihr Mann sei nicht nett gewesen, sie habe angefangen, sich mit Religion zu beschäftigen, sei Anhängerin einer religiösen Sekte geworden. »Da habe ich zum ersten Mal Antwort auf alle Fragen erhalten. Ich bin zu der Sekte gegangen, habe meine Kinder und meinen Mann verlassen.« Zum ersten Mal sehe ich Tränen in ihren Augen, sie weint. »Ich habe so viel falsch gemacht. Mein Heiler sagt, deswegen habe ich den Tumor als Chance bekommen, um jetzt noch einmal von Neuem anzufangen.« Ich kommentiere nicht, berühre tröstend ihren Arm. Sie weint, nimmt ihren »Heilstein«, hält ihn fest an ihre Wange.

Körperlich geht es ihr fast täglich schlechter, sie scheint es nicht wahrzunehmen. Eine vorsichtige Konfrontation meinerseits kommentiert sie so: »Es muss erst schlecht gehen, bevor es dann wieder aufwärts geht.«

Die Besucher scheinen Mitglieder der Sekte zu sein. Aus dem Zimmer hört man Singen und betende Laute. Sie wirkt nach den Besuchen erschöpft, aber zufrieden. »Das ist meine Familie«, sagt sie, »sie helfen mir gesund zu werden.«

Akut verschlechtert sich ihr Zustand, dann ist sie nicht mehr ansprechbar. Ich setzte mich zu ihr. Es kommt mir vor, als sei sie innerlich unruhig. Aus einem Impuls heraus lege ich ihr den »Heilstein« in die Hand und schließe die Finger darum. Sie umfasst ihn, wird spontan ruhiger. Kurze Zeit später verstirbt sie friedlich.

Was ist hier typisch für einen unverarbeiteten Bindungsstil?

Die Ursachen desorganisierter Bindungsstile sind in der frühen Kindheit zu finden. Immer sind frühe Traumata Auslöser für die lebenslange Bindungsunsicherheit. Die traumatischen Erlebnisse können emotionaler, körperlicher oder auch sexueller Natur sein. Im Falle von Frau N. war es wohl die psychisch kranke Mutter, der es nicht möglich war, zu dem Kind eine feinfühlige sichere Bindung zu entwickeln, und das Zerreißen des affektiven Bandes durch die häufigen Trennungen.

Schon im Aufnahmegespräch zeigt die Patientin ein ungewöhnliches Verhalten:
Trotz der sichtbaren körperlichen Einschränkungen kann sie die potenziell hilfreichen Optionen der Station nicht annehmen, sondern versucht selbstbehauptend das Procedere zu strukturieren. Nur die freundlich-offene Akzeptanz dieses Verhaltens macht es möglich, ihr akut zu helfen. Sie geht, kann aber wiederkommen und wird kommentarlos aufgenommen und behandelt. Das Team handelt hier wie eine wohlwollend zugeneigte Bindungsperson, die nicht hinterfragt, sondern handelt.

Ihre stabilisierende Ressource liegt in der Hoffnung auf Heilung – dazu muss sie die Realität ihres Tumorprogresses abspalten bzw. inhaltlich transformieren, um daraus eine »gute Heilungsbotschaft« zu machen. Der Heilstein als Übergangsobjekt steht für ihre transzendente Bindungsfigur, der sie bedingungslos vertraut.

Die Patientin beschreibt in ihrem Leben missglückte Bindungserfahrungen. Die einzig verpflichtende, zunächst gelungene Bindung zu ihrem Mann und den Kindern kann sie nicht halten, sondern wendet sich einer »New Age«-Sekte zu, die vermeintlich die lebenslang erwünschte Sicherheit bietet.

Um ihre psychische Stabilität zu halten, konfrontiert sie das Team nicht mit der Krankheitsrealität (»we try to keep her balance«, vgl. »no challenging« von Winnicott), sondern stützt sie in ihren spirituellen Vorstellungen. Die Sektenmitglieder, ihre spirituelle Familie, lassen wir in supportiver Funktion zu.

Bis zur letzten Minute fungiert der Heilstein als spiritueller Helfer und hilft zu einem friedvollen Sterbeprozess.

6.6.4 Unsicher-verstrickter Bindungsstil

Frau L.: Unsicher-verstrickter Bindungsstil

Die 65-jährige Frau L. leidet seit mehreren Jahren an einem jetzt weit fortgeschrittenen Kolonkarzinom.

6 Gott oder Gottesbild?

Mehrfach hatte sie in unserer Palliativambulanz vorgesprochen war unschlüssig gewesen, wie sie weiter fortfahren solle. Ihre Familie, Ehemann und zwei Töchter, 26 und 28 Jahre alt, waren bei den Ambulanzbesprechungen immer anwesend. Laut Ambulanzbericht war die Stimmung meist emotional sehr erregt, die Kinder und der Ehemann hatten die Patientin immer auf eine Weiterführung der Chemotherapie gedrängt.

Jetzt war ein erneutes Rezidiv gefunden worden, und sie hatte sich, zusammen mit ihrer Familie, entschlossen, zur Symptomkontrolle und zu möglicher Therapiezieländerung auf die Palliativstation zu kommen. Sie litt unter starker Übelkeit.

Beim Aufnahmegespräch herrscht im Zimmer eine erregte Stimmung: Die beiden Töchter sitzen bei ihr auf dem Bett und streicheln sie. Sie weinen beide. Der Ehemann steht am Bettende und richtet die Decke. Ein junger Mann steht etwas abseits. Die Patientin hat eine Brechschale vor sich und würgt. »Bitte, Frau Doktor, schnell! Der Mama geht es schlecht! Tun Sie was, sie stirbt!!«

Ich nehme mir einen Stuhl und bitte die eine Tochter, vom Bett aufzustehen. Etwas widerwillig und mit sorgenvollem Blick auf die Mutter steht sie auf: »Mama, das ist die Ärztin, sie hilft Dir gleich!« Ich bitte alle Familienangehörigen, sich zu setzen, dann sehe ich die Patientin an, stelle mich vor und frage sie, wie ich ihr helfen könne. Ihr sei so schlecht, meint sie, und würgt. Ich spüre, dass jetzt eine Beruhigung der Situation wichtig wäre und frage die Patientin, ob es ihr recht wäre, die Angehörigen für die körperliche Untersuchung nach draußen zu schicken. Sie nickt. Ich bitte die Familie höflich, mit dem Einverständnis ihrer Mutter das Zimmer kurz zu verlassen, ich könne so meine Arbeit besser machen. Ich spürte eine momentane Unsicherheit, die Familienmitglieder sehen sich an. »Mama, wir gehen kurz raus, dann kommen wir aber wieder.« Ich bedanke mich und führe die Familie in unseren Aufenthaltsraum.

Dann setze ich mich zur Patientin, sie hält die Brechschale vor sich. Ich veranlasse die betreuende Schwester, ihr ein Mittel zu bringen und verabreiche es: »Das wird Ihnen guttun und Sie beruhigen.«

Die Patientin schließt die Augen. »Ich kann nicht mehr, ich habe so Angst. Meine Familie ist mir so wichtig. Ich will sterben.« Sie weint heftig. Ich lege die Hand tröstend auf ihren Arm, warte einige Zeit, bis sie sich etwas beruhigt hat, dann führe ich die Untersuchung durch. Der körperliche Befund ist beruhigend. Ich versichere ihr, dass wir ihr erst einmal helfen würden, ihre jetzigen Beschwerden zu lindern; für Sterben gebe es im Moment keinen Anlass. Sie wirft die Arme mit gefalteten Händen nach oben: »Dann haben alle Gebete doch geholfen!« Auf Nachfrage erzählt sie mir, dass die Familie eine Wallfahrt zu ihrer Gesundung gestartet habe. »Jetzt kann ich wieder glauben«, ruft sie. Sie sei immer gläubig gewesen, jetzt, in der Erkrankung habe sie jedes Vertrauen verloren. Tief drinnen habe sie ja immer Zweifel gehabt, ob man sich auf Gott verlassen könne. Gott lasse ja so vieles Schreckliche zu, dass sie jetzt nicht gleich sterben müsse, gebe ihr wieder Glaubenskraft.

Ich teile den Familienangehörigen, die schon ungeduldig vor der Türe warten und sofort erregt aufspringen, meinen Befund mit. »Dann wird sie nicht gleich sterben?« Meine beruhigenden Erklärungen lösen erneut eine starke emotionale Erregung aus. Die Töchter weinen und stürmen in das Zimmer zur Mutter. Der junge Mann stellt sich als Sohn vor, er möchte mich sprechen.

Er erzählt mir, dass er versuche, in diesem Chaos einen klaren Kopf zu behalten – sein Vater hänge sehr an seiner Frau, ebenso seine Schwestern. Er habe eine Therapie gemacht, um sich aus dieser Familie ein Stück zu lösen. Die Mutter habe die Familie immer sehr eng an sich gebunden, habe seine jetzige Partnerin nie akzeptiert. Erst mit 30 Jahren habe er sich mithilfe der Therapie und seiner Partnerin lösen können. Die Mutter habe ihn und seine Partnerin mit Familienausschluss bestraft. Jetzt sei aber auch er überfordert, wolle der Mutter nahe sein, aber nicht in den emotionalen Sog gezogen werden.

Es werde in der Familie sehr viel gebetet, da könne er nicht mit. Er habe das Gefühl, dass mit Gott »verhandelt« werde: Die Familie habe beschlossen, einen großen Betrag an den Wallfahrtsort X zu zahlen, wenn die Mutter nicht sterbe. Ich bedanke mich und versichere ihm, dass wir der Mutter helfen würden.

In den kommenden Tagen stabilisiert sich der Zustand der Patientin, sie wirkt beruhigter. Die Familie kommt täglich für viele Stunden und bleibt bis in die Nacht bei ihr.

Bei einer Visite sieht Frau L. mich offen an und möchte wissen, ob sie noch eine Chance habe. Es wird ein intensives Gespräch, in dem wir die möglichen Perspektiven besprechen. Die Patientin bedankt sich: »Meine Familie bestimmt immer, was ich tun soll – ich lebe nur noch für sie!« – »Es geht aber um *Ihr* Leben und *Ihre* verbleibende Zeit«, erwidere ich, »die Familie lebt weiter.« Nach einer kurzen Pause, in der sie mich ansieht, ergänze ich, dass nur sie alleine über ihr Leben entscheiden dürfe, es sei schließlich ihr Leben. Nachdenklich meint sie, dass ich eigentlich recht habe, so habe sie das bisher noch nicht gesehen.

In der kommenden Visite erzählt sie auf Nachfrage aus ihrer Biografie. Sie sei ein Flüchtlingskind, ihre Mutter sei im Krieg aus Polen geflohen. Sie sei Einzelkind gewesen, der Vater sei im Krieg gefallen. Die Mutter sei immer um sie besorgt gewesen, habe immer Angst um sie gehabt. »Ich war doch noch alles, was sie hatte.« Sie habe ihren Mann erst nach dem Tod der Mutter geheiratet, vorher habe sie sich um die Mutter gekümmert. Sie sei, wie die Mutter, gläubig, habe aber niemals volles Vertrauen in Gott gehabt, er sei nicht wirklich zuverlässig. Es entspannt sich ein tiefes Gespräch über Sinnhaftigkeit und Glauben, in dem auch ich nach meinen Gedanken und Erfahrungen gefragt werde.

Im weiteren Gespräch können wir biografisch problematische Ereignisse, die sie bisher als belastend gesehen hat, in sinnvolle kausale Zusammenhänge bringen. Nachdenklich äußert Frau L., sie habe so etwas wie einen »roten Faden« in ihrem Leben entdeckt. »Dann war ich doch lebenslang geführt«, meint sie und bedankt sich tief berührt für das Gespräch.

Die Familie möchte ein Treffen mit mir, sie möchte, bei jetzt stabilerem Zustand der Mutter, erneut über weitere Therapieoptionen nachdenken. Meine Frage, ob die Patientin davon wisse, beantworten sie fast empört: die Familie wisse doch am besten, was zu tun sei!

Ich bitte um ein gemeinsames Gespräch, zusammen mit der Patientin.

In dem Familiengespräch erlebe ich die Patientin verändert – sie kann ihre Wünsche betreffend einer weiteren Behandlung äußern, es fällt der Satz, dass es doch ihr Leben sei, um das es gehe. Die Familie reagiert zunächst fast ärgerlich-irritiert, dann bedrängend. Es wird viel geweint.

Frau L. bleibt bei ihrer Entscheidung, die palliative Behandlung weiterzuführen und auf eine Chemotherapie zu verzichten. Nach dem Gespräch will die Familie mich nochmals alleine sprechen: Die Töchter sind sehr erregt und ängstlich, hinterfragen immer wieder das Procedere, den Tumorverlauf und den möglichen Sterbeprozess. Sie beschließen, Tag und Nacht bei der Mutter zu sein.

Am kommenden Tag wünscht sich die Patientin einen Priester, sie wolle ein Gespräch.

Danach wirkt sie entspannt und viel ruhiger. Ihr körperlicher Zustand verändert sich, es treten Komplikationen auf. Die Patientin benötigt mehr Schmerzmittel und palliativ-symptomorientierte Behandlung. Die Töchter und der Ehemann sind sehr präsent, die Patientin akzeptiert es. Die Patientin selbst wirkt zunehmend beruhigter, das strahlt auch auf ihre Familie aus: Die Stimmung ist weniger emotional aufgeladen.

Der Sohn ist jetzt auf Wunsch der Mutter häufig zu Besuch, er kann die jetzt beruhigtere Atmosphäre besser annehmen.

Nach einer gemeinsamen Krankensalbung, die in einem von der Familie liebevoll ausgeschmückten Zimmer gespendet wird, verschlechtert sich ihr Zustand sehr rasch und sie verstirbt im Beisein der Familie ruhig und friedlich.

Was ist in diesem Fallbeispiel typisch für einen unsicher-verstrickten Bindungsstil?

Auffällig ist beim Erstkontakt die auffallend enge, klammernde Beziehung innerhalb der Familie. Emotionen von Angst und Trauer oszillieren spürbar im Krankenzimmer, verbunden mit latent ärgerlich-forderndem Verhalten. Die eindeutige Fokussierung auf die Zielperson, die Patientin, und respektvoller Umgang mit den erregten Angehörigen strukturieren und beruhigen diesen aufgeladenen Moment.

Das ambivalente Verhalten der Patientin, die einerseits auf Wunsch der Familie leben, aber gleichzeitig auch sterben will, weist auf Autonomieprobleme im Familiensystem hin. Die Patientin vermag nicht autonom über eine »nur« palliative Therapie entscheiden, in der Sorge, die Familie könnte die Realität nicht ertragen und »zusammenbrechen«.

6 Gott oder Gottesbild?

Die potenzielle Ressource »Glaube an Gott« kann sie trotz nach außen getragener Gläubigkeit nicht nutzen, Gott bietet keine tröstende Sicherheit, keinen sicheren Hafen, in dem sie sicheren Schutz und Trost findet. Ihre Ressource ist die Familie, hier hat sie mit ihrem lebenslang klammernden Verhalten die Töchter und den Ehemann eng an sich gebunden. Die Beziehung zu einem helfenden Gott wird verhandelt und mit einer Wallfahrt erkauft.

Einzig der Sohn hat für sich dank einer Therapie und seiner Partnerin einen adäquaten Abstand gefunden.

Die Ursache dieses verstrickt-ängstlichen Verhaltens lässt sich aus der Biografie von Frau L. erkennen: Transgenerational haben sich die Ängste der Mutter um ihr einziges Kind nach der traumatischen Flucht und dem Verlust des Ehemannes in der Tochter als »inneres Arbeitsmodell« mental implementiert.

In der stationären Begleitung des feinfühligen Teams lassen sich vorsichtig und unter Einbindung der Familie Autonomiewünsche und Selbstwirksamkeit der Patientin stärken, sodass sie den weiteren Weg für sich durchsetzen kann. Die Familie kann sich zögernd darauf einlassen, allerdings unter der Bedingung einer konstanten Präsenz im Krankenzimmer.

Es gelingt, die Ressource Gott/Glauben über die Erkenntnis eines sinnhaften, »geführten« Lebensweges neu zu etablieren. Damit kann die Patientin Gott als zuverlässige, sichere Basis für sich erkennen. Das führt zu einer sichtbaren emotionalen Beruhigung, die den Sterbeprozess erleichtert.

Auch in diesem Fallbeispiel spielt die Frage der Normativität eine große Rolle, und zwar einer auf Gott projizierten Normativität. Wegen des Gottesbildes »Gott ist unzuverlässig« muss der Druck auf Gott (und damit auf die Patientin und auf alle Beteiligten) durch Verhandeln, Wallfahren, Spenden im Sinne des »do ut des« (ich gebe, damit du gibst) verstärkt werden, um die Ressource Gott verfügbar zu machen. Sterben, das ist eine weitere Norm, darf um der Familie willen nicht sein.

Die Ärztin versucht, die stark normativ und emotional aufgeladene Situation durch Einziehen von Grenzen (Lockerung der »fürsorglichen Belagerung« der Patientin), körperliche Untersuchung, nachdem die Angehörigen den Raum verlassen haben, zu entspannen. Es kommt zu einer gewissen Syntonie mit den Individuationswünschen des Sohnes, der sich in Psychotherapie befindet.

6.7 Zusammenfassung: Gottesbilder und Bindung

Nach diesem Überblick über die verschiedenen Bindungstypen ein paar abschließende Bemerkungen. Das Gottesbild kann in der letzten Lebensphase als mentale Repräsentanz oder als äußeres Objekt Bedeutung für die sterbende Person haben. Nicht immer handelt es sich um ein explizit religiöses Bild, für Frau N. ist es z. B. der Heilstein, den sie festhält. Auch im letzten Vers von H. F. Lytes Gedicht *Abide with me* spielt ein Übergangsobjekt eine Rolle, nämlich das Kreuz, das in diesem Fall nicht als äußerer Gegenstand, sondern als inneres Bild auftaucht. Das Bild von Jesus und seinem Kreuz drückt in sich selbst die Spannung zwischen Tod und Hoffnung auf Leben aus:

> Hold Thou Thy Cross before my closing eyes;
> Shine through the gloom, and point me to the skies.
> Heav'n's morning breaks, and earth's vain shadows flee;
> In life, in death, O LORD, abide with me.

In dieser letzten Strophe wechseln sich Begriffe der Angst und Dunkelheit mit solchen der Hoffnung und Helligkeit ab, nämlich einerseits gloom (Düsterkeit/Trübsinn) und »earth's vain shadows« und andererseits »shine, skies, heav'n's morning«. Im jungianischen Sinn hat das Symbol »abide« hier eine transzendente Funktion: In der letzten Zeile wird das Bleiben ausdrücklich als ein Drittes über die Gegensatzspannung von Tod und Leben gestellt. Der Gegensatz zwischen Tod und Leben wird, mit Giegerich gesprochen, »aufgehoben«. Lytes Gedicht kehrt an seinen Anfang zurück.

Im Neuen Testament taucht in verschiedenen Varianten (Mt 10,39: 16,24 u.a.) das Jesuswort auf: »Wer meinen Weg gehen will, sage sich von sich selbst los, nehme sein Kreuz auf sich und gehe hinter mir her«. Das wurde häufig verstanden in dem Sinn, Schlimmes anzunehmen, Leid anzunehmen, damit es sich verwandeln kann, oder sogar masochistisch das jeweilige eigene »Kreuz« mutwillig herbeizuführen. Aber es gibt auch eine andere Spur in der Bibel Israels beim Propheten Ezechiel (Ez 9,4). Dort wird eine Person mit Schreibzeug angesprochen: »Durchquere die Stadt Jerusalem und schreib ein ת auf die Stirn derer, die stöhnen und ächzen angesichts der abscheulichen Taten, die in ihrer Mitte verübt werden.« ת (Taw) ist der letzte Buchstabe des hebräischen Alphabets. Das Bezeichnen mit dem ת/Kreuz erinnert an das Kreuzzeichen, mit dem die Täuflinge in die Kirche aufgenommen und die Sterbenden verabschiedet werden wie Herr S. (▶ Kap. 6.6.2). Es ist eine Erinnerung an den Riss (▶ Kap. 7), der durch die Schöpfung geht, durch die Gottesbilder und durch Gott selbst.

Lytes Text *Abide with me* ist inspiriert von der neutestamentlichen Erzählung von den beiden Jüngern, die mit dem auferstandenen Jesus nach Emmaus unterwegs sind, ohne ihn zu erkennen. Als er so tut, als wollte er sich von ihnen trennen, bitten sie ihn:

»Bleib doch bei uns; denn es wird bald Abend, der Tag hat sich schon geneigt.« Da ging er mit hinein, um bei ihnen zu bleiben. Und als er mit ihnen bei Tisch war, nahm er das Brot, sprach den Lobpreis, brach das Brot und gab es ihnen. Da gingen ihnen die Augen auf, und sie erkannten ihn; dann sahen sie ihn nicht mehr (Lk 24,29–31).

Während die biblische Emmauserzählung eine Zweierbeziehung konstelliert, die durch das Auftreten, Verschwinden, Erinnertwerden Jesu gewissermaßen trianguliert wird, steht die betende Person in Lytes Gedicht allein Gott bzw. Jesus gegenüber. Der Abschied vom Leben wird betrauert, gleichzeitig wird die Bindung zu einer transzendenten Bindungsperson vertieft.

Mit Meister Eckhart (▶ Kap. 6.5.1) können wir sagen, dass das Gottesbild in Lytes Text »eingebildet« und gleichzeitig »entbildet«, losgelassen wird, oder – mit den Worten des 26. Chorals in Bachs Johannespassion ausgedrückt:

In meines Herzens Grunde
Dein Nam und Kreuz allein
Funkelt all Zeit und Stunde,
Drauf kann ich fröhlich sein.
Erschein mir in dem Bilde
Zu Trost in meiner Not,
Wie du, Herr Christ, so milde
Dich hast geblut' zu Tod!

7 Yoga des Westens: Die Ignatianischen Exerzitien

7.1 »Jesu*«: Vom Kindheitsschreck zur ETH-Vorlesung

In Jungs Erinnerungen (Jaffé, 1961/1972) tauchen die vom Lexem Jesu* abgeleiteten Wörter »Jesus« und »Jesuit« auf, letzteres v. a. in der Pluralform »Jesuiten« an mehreren Stellen. Diese Serie beginnt biografisch und textlich mit dem von der Mutter gelehrten Nachtgebet:

> Breit aus die Flügel beide,
> O Jesu meine Freude
> Und nimm dein Küchlein ein.
> Will Satan es verschlingen,
> So laß die Englein singen:
> Dies Kind soll unverletzt sein (S. 16).

Es handelt sich hierbei um die 8. Strophe von Paul Gerhardts Abendgesang *Nun ruhen alle Wälder*. Die Zeile *Und nimm dein Küchlein ein* spielt auf ein Wort des mütterlichen Jesus an: »Jerusalem, Jerusalem, du tötest die Propheten und steinigst die Boten, die zu dir gesandt sind. Wie oft wollte ich deine Kinder um mich sammeln, so wie eine Henne ihre Küken unter ihre Flügel nimmt; aber ihr habt nicht gewollt« (Mt 23,37). Der kleine Carl-Gustav allerdings versteht unter »Küchlein« »Chüechli« (kleine Kuchen), die mit Kindern verglichen werden. Der geflügelte Jesus, so der »sinistre Analogieschluss«, verspeise die Küchlein widerwillig, bevor sie der Satan verschlingt.

Das Lexem Jesu* kannte der 3- bis 4-jährige Carl-Gustav schon im Zusammenhang mit Beerdigungen und der Redeweise, der »her Jesus« habe diese oder jene Person »zu sich genommen«. In der Autobiografie steigert sich nun das »Misstrauen« gegenüber dem »her Jesus« im Zusammenhang mit Beerdigung, schwarzer Kleidung und dem »Einnehmen« von Küchlein zum Jesuiten-Trauma:

Diese meine Ruminationen führten zu meinem ersten bewußten Trauma. An einem heißen Sommertag saß ich, wie gewöhnlich, allein auf der Straße vor dem Haus und spielte im Sand. Die Straße lief vor dem Haus vorbei zu einem Hügel, an dem sie emporstieg und sich oben im Wald verlor. Man konnte daher vom Haus aus eine große Strecke des Weges überblicken. Auf dieser Straße sah ich nun eine Gestalt mit breitem Hut und langem schwarzem Gewand vom Wald herunter kommen. Sie sah aus wie ein Mann, der eine Art Frauengewand trug. Die Gestalt kam langsam näher, und ich konnte feststellen, daß es tatsächlich ein Mann war, der eine Art bis auf die Füße reichenden, schwarzen Rock trug. Bei seinem Anblick befiel mich Furcht, die rasch zu tödlichem Schrecken anwuchs, denn in mir formte sich die entsetzenerregende Erkenntnis: »Das ist ein Jesuit!« Kurz zuvor hatte ich nämlich einem Gespräch zugehört, das mein Vater mit einem Amtskollegen über die Umtriebe der »Jesuiten« führte. Aus dem halb ärgerlichen, halb ängstlichen Gefühlston seiner Bemerkungen erhielt ich den Eindruck, daß »Jesuiten« etwas besonders Gefährliches, sogar für meinen Vater, darstellten. Im Grunde wußte ich nicht, was »Jesuiten« bedeutete. Aber das Wort *Jesus* kannte ich aus meinem Gebetlein. Der Mann, der die Straße herunterkam, war offenbar verkleidet, dachte ich. Darum trug er Frauenkleider. Wahrscheinlich hatte er böse Absichten. Mit Todesschrecken rannte ich spornstreichs ins Haus, die Treppe hinauf bis auf den Estrich, wo ich mich unter einem Balken in einem finstern Winkel verkroch. Ich weiß nicht, wie lange ich dort blieb. Es muß aber ziemlich lange gewesen sein, denn als ich vorsichtig wieder in den ersten Stock hinunterstieg und mit äußerster Behutsamkeit den Kopf zum Fenster hinausstreckte, war weit und breit keine Spur mehr von der schwarzen Gestalt zu sehen. Der Höllenschrecken lag mir aber noch tagelang in den Gliedern und bewog mich, im Hause zu bleiben. Und wenn ich später wieder auf der Straße spielte, so war mir doch der Waldrand ein Gegenstand unruhiger Aufmerksamkeit. Später wurde es mir natürlich klar, daß die schwarze Figur ein sehr harmloser katholischer Priester gewesen war (Jaffé, 1961/1972, S. 17 f).

Unmittelbar nach dieser Passage folgt der Traum vom unterirdischen Phallus, der mit dem mütterlichen Ruf »Ja, schau ihn dir nur an. Das ist der Menschenfresser!« endet. Es kommt zu einer komplexhaften Verdichtung zwischen den verschiedenen Abkömmlingen des Lexems Jesu*: »her Jesus«, Jesus, Jesuit, die mit dem Traumsymbol des menschenfressenden Phallus emotional verwoben sind:

Ich konnte nie ausmachen, ob meine Mutter meinte »*Das* ist der Menschenfresser«, oder »Das ist der *Menschenfresser*«. In ersterem Fall hätte sie gemeint, daß nicht »Jesus« oder der »Jesuit« der Kinderfresser sei, sondern der Phallus; in letzterem, daß der Menschenfresser im allgemeinen durch den Phallus dargestellt sei, also daß der dunkle »her Jesus«, der Jesuit und der Phallus identisch seien (Jaffé, 1961/1972, S. 19).

Tilander (1991a; b) sieht in Jungs »Jesuiten-Komplex« gar ein Motiv dafür, im hohen Alter Aniela Jaffé mit dem Erstellen seiner Autobiografie zu betrauen. An den Kern des Jesuiten-Komplexes lagerte sich auch der beschämende Sturz in der katholischen Kirche Arlesheim (Jaffé, 1961/1972, S. 23) an. Es ist nicht von der Hand zu weisen, dass Jung offenbar lebenslang unheimliche und ambivalente Gefühle im Umgang mit Jesuiten beschlichen. Der Herausgeber der Exerzitienvorlesung (Liebscher, 1939/ 1940 [2023]) trägt eine Reihe diesbezüglicher Beispiele zusammen. Jung und der Jesuitenorden, dem auch der Verfasser des vorliegenden Buches angehört, stellen eine gefühlsbetonte Konstellation dar. Die dazugehörige Vermeidung konnte Jung erst als Erwachsener aufgeben – wahrscheinlich aus Anlass seines Besuchs bei Freud:

Jahrelang konnte ich keine katholische Kirche mehr betreten ohne geheime Angst vor Blut, Hinfallen und Jesuiten. Das war der Ton oder die Angst-Atmosphäre, von der sie umwittert war. Aber immer hat sie mich fasziniert. Die Nähe eines katholischen Priesters war womöglich noch unbehaglicher. Erst in meinen Dreißigerjahren, als ich den Stephansdom in Wien betrat, konnte ich die Mater Ecclesia ohne Beschwernis fühlen (Jaffé, 1961/1972, S. 23).

Jungs akademische Arbeit an den Ignatianischen Exerzitien greift weitere dreißig Jahre später das kindliche Jesu*-»Trauma« auf.

7.2 Die Spirituellen Exerzitien des Ignatius von Loyola

Der baskische Mystiker Ignatius (Iñigo) de Loyola (1491–1556) ist vor allem als Gründer der Gesellschaft Jesu (Jesuitenorden) bekannt, also durch seine welt- und kirchengeschichtliche Bedeutung als Organisator und Initiator einer bis heute bestehenden Institution der katholischen Kirche. Mit dieser extravertierten Seite des Ignatius kommt schon der vierjährige Carl-Gustav in Berührung, als er von den »Umtrieben« des Jesuitenordens hört, der bis 1973 durch einen eigenen Artikel der Schweizer Bundesverfassung verboten blieb.

Ignatius selbst datiert die Krise dieser seiner extravertierten (höfischen, anerkennungsbedürftigen, kämpferischen) Seite durch seine Verwundung in Pamplona am Pfingstmontag 1521. Die französischen Kriegsgegner lassen ihn zum heimatlichen Schloss Loyola bringen, wo er einige Monate lang das Bett hütet und chirurgische Eingriffe über sich ergehen lassen muss, die ihm beinahe das Leben kosten. Verwundung und Krankenlager bringen ihn notgedrungen mit seiner introvertierten Seite in Kontakt, insbesondere mit seiner Imagination. Er wundert sich über die Verschiedenheit seiner Tagträume: Großtaten, die er im Dienst einer edlen Dame vollbringen möchte, Heldentaten, von denen er träumt. Da keine Ritterromane vorhanden sind, greift er zu Heiligenlegenden. In all diesen Tagträumen beobachtet er ein Auf und Ab von »Trost« und »Trostlosigkeit«. Seine Fühlfunktion meldet sich, er wird sie später, beim Niederschreiben der Exerzitien, »Unterscheidung der Geister« nennen (Frick, 1996a; 2022).

Nach seiner Genesung wird Ignatius zum Pilger, mit Jerusalem als Fernziel, das er aber erst viel später erreichen wird. Zunächst führt ihn seine Wanderung nach Katalonien, zum Kloster Montserrat und dann in das Städtchen Manresa. In Manresa lässt sich textlich, zeitlich und räumlich der Ursprung der Exerzitien »lokalisieren«. Der Raum des spirituellen Erfahrungsweges aber, der in den Exerzitien begangen wird, lässt sich allerdings weder geografisch noch textlich fixieren: Es ist der Raum der menschlichen Seele (Giegerich, 1987). Der Text des Exerzitienbüchleins (Loyola, 1548/1998) ist so lange »unlesbar« (Neumeister, 1986), bis er »gegeben« wird. Ignatius versteht sich nicht als Buchautor. Vielmehr will er, von seiner eigenen mystischen Erfahrung ausgehend, die Exerzitien »geben«, die Erfahrung weitergeben. Ähnlich wie ein Kochbuch der Köchin dient, ist auch das Exerzitienbüchlein für die begleitende Person gedacht. Die Rezeption des Textes »von außen« (Giegerich, 1987), also ohne eigene Exerzitienpraxis wie im Falle Jungs und Giegerichs, ist theoretisch möglich, entspricht aber nicht der Intention, aus der heraus Ignatius seine

Erfahrungen verschriftlichte. Das Selbsterfahrungsprinzip in der Weitergabe ist eine wichtige Parallele zwischen der ignatianischen Spiritualität und der Psychoanalyse. Für beide Erfahrungswege gilt: Die primäre Erfahrung muss selbst gemacht werden, kann nicht weitergegeben werden wie die (sekundären) Texte. »Weitergabe« bedeutet: Einladung zur Selbsterfahrung (Beirnaert, 1979/1989), in der Spiritualität: Mystagogie (Hinführung zum Geheimnis, Verweis auf das Geheimnis).

Das Wort »Exerzitien« kann im Deutschen Assoziationen wie »quasimilitärischen Drill« und »Exerzieren« auslösen (Giegerich, 1987). Das spanische Wort »ejercicios« bedeutet jedoch schlicht »Übungen«. Ignatius vergleicht die Spirituellen Übungen mit sportlichen (Umhergehen, Wandern, Laufen, Exerzitienbuch Nr. 1). Zu dieser sportlichen Metaphorik passt die Beschäftigung mit Mühen, Anstrengungen, Niederlagen, Motivationsproblemen und der Umgang mit Grenzen und Widerständen. Auch der Begriff *mociones* (Bewegungen, Regungen) ist eine leibliche Metapher, die auf den seelischen Bereich übertragen wird. Ignatius bezeichnet damit die inneren Bewegungen (Emotionen) von Trost und Trostlosigkeit, die er bereits auf dem Krankenlager in Loyola erlebte. Die Erfahrungen von Trost und Trostlosigkeit bedürfen der *Unterscheidung der Geister* im geduldigen Abwarten und Beobachten, nicht im vorschnellen Einordnen in die Schubladen der Rechtgläubigkeit (Giegerich, 1987).

Ignatius betont, dass alle Seelenfähigkeiten (Gedächtnis, Verstand, Wille) in den Exerzitien willkommen sind und eingesetzt werden sollen. In der Sprache der Analytischen Psychologie heißt dies, dass die Exerzitien je nach Typologie und Lebensalter der übenden Person differenziert zu begleiten sind (Frick, 1996a). Wenn die Fühlfunktion fehlt, die bereits erwähnten »Bewegungen der Seele«, Trost und Trostlosigkeit, fragt Ignatius den Exerzitanten, wann und wie er die Übungen tatsächlich macht (Exerzitienbuch Nr. 6). Im Exerzitienbüchlein gibt er Inhalte vor, die biblische Berichte über das Leben Jesu aufgreifen. Ignatius hat darüber hinaus eigene Betrachtungen zum Engagement der Jesus-Nachfolge komponiert wie den »Ruf des Königs« und die »Zwei Banner«. Wiederholungen, Entschleunigung und die Betonung der Wichtigkeit regelmäßiger Gebetszeiten machen deutlich, dass es bei den Exerzitien weder um Aktivismus noch um Wissen oder Informationsverarbeitung geht, sondern um die Übung des Daseins in der Gegenwart. »Denn nicht das viele Wissen sättigt und befriedigt die Seele, sondern das Innerlich-die-Dinge-Verspüren-und-Schmecken« (Exerzitienbuch Nr. 2).

Exerzitien fokussieren den Wandlungs- und Individuationsprozess. Deshalb kann Inkubation, »Abgeschiedenheit« (Exerzitienbuch Nr. 20) sinnvoll sein. In zeitlicher und räumlicher Hinsicht kann dies bedeuten, sich für eine Woche oder sogar einen Monat in ein besonderes Exerzitienhaus zurückzuziehen (»retreat«), um sich ganz dem Gebet und der Meditation zu widmen. Aber auch Exerzitien »im Alltag«, »auf der Straße«, mit psychodramatischen, tänzerischen oder filmischen Elementen gehören zum Fächer der Möglichkeiten, der mit dem Potenzial des Exerzitienbuchs vereinbar ist.

Die von Ignatius vorgeschlagene Vollform der Spirituellen Übungen umfasst rund dreißig Tage. Neben diesem Standardformat kennen Ignatius und die Jahrhunderte nach ihm kürzere Formen wie Exerzitien-Wochen oder die eben erwähnten Exerzitien »im Alltag«. Wichtig ist die rekursive (Fraktal-)Struktur der verschiedenen Zeiteinheiten: Die Dynamik der einzelnen Gebetsstunde (Vorbereitung – Inhalte – Reflexion – Unterscheidung der Geister usw.) kehrt im Verlauf eines Tages, einer Woche, eines Monats, ja: des gesamten Lebens stets wieder (Frick, 2024). Ignatius gliedert das Exerzitienbuch in vier »Wochen«, was nicht streng chronologisch aufzufassen ist, sondern im Sinne von Phasen eines Wandlungsprozesses. Themen dieser Wochen/Phasen sind: I. Sünde und Umkehr; II. Menschwerdung und Nachfolge Jesu Christi; III. Passion; IV. Auferstehung Jesu Christi. In der heutigen Exerzitienpraxis wird großer Wert auf die vorbereitende Fundamentsphase gelegt, die den vier Wochen vorgeschaltet ist.

7.3 Jungs ETH-Vorlesungen über die Exerzitien (1939/1940)

Zu seinen Vorlesungen über die Exerzitien existiert kein Manuskript aus Jungs Feder. Die aktuelle englischsprachige Ausgabe (Liebscher, 1939/1940 [2023]) stützt sich auf mehrere stenografische Mitschriften, erhebt jedoch nicht den Anspruch einer kritischen Edition. In deutscher Sprache existiert neben einem Transkript im Archiv der Eidgenössischen Technischen Hochschule (Jung, 1939/1940 [1990]) gedruckt lediglich eine Teil-(Rück-)Übersetzung (Jung, 1940/2008) des englischen Typoskripts (Hannah, 1940). Soweit wir dies aus den Vorlesungen entnehmen können, kennt Jung die Exerzitien nicht aus eigener (übender) Erfahrung, sondern lediglich aus der denkerischen Auseinandersetzung mit dem Text des Exerzitienbüchleins. Dieser mittelbare Zugang und die bis in Kindheit zurückreichende Ambivalenz Jungs gegenüber dem Jesuitenorden tragen dazu bei, dass Jung und Ignatius »unlikely companions« (Becker, 2001) bleiben.

Vom Wintersemester 1938/39 bis zur ersten Hälfte des Sommersemesters 1939 hatte sich Jung mit dem Thema »Psychologie von Yoga und Meditation« auseinandergesetzt. Seine eigenen Zugänge dazu sind die Aktive Imagination und der Vergleich zwischen östlicher und westlicher Spiritualität. Beide Zugänge bilden auch das Rückgrat der Exerzitienvorlesungen von Juni 1939 bis März 1940.

Die »Rückkehr nach Westen« am 16. Juni 1939 kommt für die Studierenden überraschend (Liebscher, 1939/1940 [2023], S. xviii). Jung selbst fasst diesen Übergang rückblickend folgendermaßen zusammen:

> Wir sind dann übergegangen zu einer westlichen Yogaform, nämlich zu den »Exerciti[e]a Spirituali[a]« des heiligen Ignatius (3.11.1939: Jung 1939/1940 [1990], S. 60; vgl. Liebscher, 1939/1940 [2023], S. 59).

Die Ignatianischen Exerzitien interessieren Jung auch deshalb, weil sie zur Imagination anleiten und damit zu einer nicht nur intellektuellen, sondern leiblich-konkreten Auseinandersetzung mit inneren Bildern. Dies prägt auch den Spiritualitätszugang der Exerzitien, der inkarnatorisch und in der meditativen Praxis verwurzelt ist:

7 Yoga des Westens: Die Ignatianischen Exerzitien

Nicht um unsichtbare Gottheit, nicht um verborgene Innerlichkeit, nicht um lebose Geistigkeit, reines Seelentum geht es[,] sondern um Gott[,] *der Mensch* [Hervorhebung im Original] war. Innerlichkeit und im Werk sich äussernde Geistigkeit, die Ausdruck im Werk hat, Seele[,] die nur im Leib sichtbar ist (Jung, 1939/1940 [1990], S. 83; vgl. Liebscher, 1939/1940 [2023], S. 81).

Jung diskutiert den Gegensatz zwischen dem materialen Aspekt des Menschen (»Fleisch«) und dem formalen (»Geist«), den er bei Ignatius findet, und stellt dadurch sein eigenes, durch die genannte Gegensatzspannung charakterisiertes Spiritualitätsverständnis heraus:

> Das sind die Gegensätze[,] die im Menschen wüten, nämlich die Gesetzmässigkeit des Geistes, das Formgebäude gegenüber der formlosen masslosen Un(masse?) des blossen Triebes. Dieser Gegensatz wird auf der Stufe des gewöhnlichen instinkthaften Menschen nicht beantwortet, indem er nämlich instinktisch (vege?)-tiert wie ein Tier[,] das keine Konflikte empfindet. Oder der Konflikt wird auf die Seite geschoben[,] womit nämlich auch die ganze Gottheit des Menschen auf die Seite geschoben wird. [...] Die Gegensätze[,] die im Menschen zusammentreffen, nennt nun Przywara *»die Balken des Kreuzes«* [Hervorhebung im Original]. Die Balken die also in der Mitte von rechts links oben unten zusammenstossen. Das ist für ihn das Symbol der Gegensätze[,] die sich im Menschen qualvoll vereinigen in Form des Konfliktes. Die sich also im Bilde Christ(i) qualvoll vereinigen. Deshalb sagt man oft für Christus: Das Kreuz. Das Kreuz hat uns erlöst. Przywara sagt: die Kreuzung[,] das Zusammentreffen der Gegensätze, das sei die Erlösung. Mit anderen Worten: der ist nicht erlöst[,] der sich des Konfliktes unbewusst ist (Jung, 1939/1940 [1990], S. 175; vgl. Liebscher, 1939/1940 [2023], S. 179f.).

Man kann in der Betonung des leiblichen Aspekts der Spiritualität eine gewisse Selbstkorrektur Jungs und seiner von Buber kritisierten gnostisierenden Tendenzen sehen. In seinem Referat auf der Eranostagung 1934 hatte Buber (1934/2016b) die Leiblichkeit der Spiritualität betont und in freier Rede formuliert: »Leiblichkeit, nicht Geistigkeit, denn nur der Leib kann transparent, sinnbildlich werden, nur der geborene, lebende, sterbliche vergängliche Leib, nichts anderes ...« (S. 430) (vgl. Shonkoff, 2021).

Wie bereits angemerkt, schreibt Jung nicht aus eigener Exerzitienerfahrung, sondern indirekt als Kommentator des Exerzitienbuchs und gestützt auf den gerade erschienenen I. Band einer »Theologie der Exerzitien« des Jesuiten Erich Przywara (1938/1964) sowie auf die übrige von ihm studierte Sekundärliteratur (Nachweise bei Kügler, 1989; Liebscher, 1939/1940 [2023]). Zuvor jedoch führt er im Sommersemester 1939 in den biografischen Kontext des Ignatius ein. Przywara beschäftigt sich ausführlich mit »Anima Christi«, einem Lieblingsgebet des Ignatius, das jedoch kein Teil des Exerzitienbuches ist. Dies mag zu einer gewissen Unwucht im Vorlesungsplan beigetragen haben: Jung verwendet gut drei Viertel der Vorlesungszeit für Anima Christi, Fundament und Erste Woche der Exerzitien.

7.3.1 Schlange und Kreuz

In der Nr. 19 des Pilgerberichts berichtet Ignatius von der prächtigen und tröstlichen Vision einer Schlange »mit vielen Punkten, die wie Augen aufleuchteten, obwohl es keine eigentlichen Augen waren«. Diese Vision wiederholt sich mehrfach und verknüpft sich dann mit der folgenden Begebenheit vor einem Kreuz, das man noch heute in Manresa zeigt:

> Nachdem dies eine gute Weile gedauert hatte, warf er sich vor einem Kreuz, das dort in der Nähe stand, auf die Knie nieder, um Gott zu danken. Und ebendort erschien ihm wieder die Vision, die er schon oftmals gehabt hatte und die er doch nie richtig erkennen konnte, das heißt jenes Ding, von dem vorher schon die Rede war und das ihm sehr schön und mit vielen Augen besetzt erschien. Aber jetzt vor dem Kreuz sah er deutlich, dass jenes Etwas nicht die gleiche Farbenpracht wie früher trug. Und er empfing nun eine ungemein klare Erkenntnis darüber, dass jenes Etwas ein Bild des Teufels war, und dies war begleitet von einer festen Zustimmung des Willens. Und da späterhin sich die gleiche Erscheinung noch mehrmals durch lange Zeit hindurch wiederholte, verjagte er sie zum Zeichen seiner Geringschätzung mit dem Stock, den er gewöhnlich in seiner Hand trug (Nr. 31).

Jung hält die Heterodoxie, den häretischen Charakter der Schlangenvision für ein Zeichen ihrer Authentizität (Vorlesung 11, 4.7.1939: Liebscher, 1939/1940 [2023], S. 38). Authentisch heißt in der Zeit von Ignatius auch: gefährlich (Ensign, 2023, S. 302). Zu erinnern ist, dass Ignatius mehrfach von bischöflichen Inquisitionen belangt wurde, weil man seinem subjektorientierten spirituellen Weg misstraute, der sich nicht nur an Kleriker, sondern an Frauen und Männer aus dem »Laien«-Stand wandte. Handelt es sich bei der in der Nr. 31 geschilderten Unterscheidung der Geister um ein dogmatisches Apriori, um den Bewusstseinsstandpunkt des besseren Ichs, sodass Wandlung und echte Erfahrung von vornherein unmöglich sind (Giegerich, 1987)?

Jung ist an dieser Stelle nicht nur theologisch-intellektuell angesprochen, sondern auch biografisch. Er begegnet dem Doppelsymbol »Kreuz und Schlange«, das immer wieder in seinen eigenen Visionen und Imaginationen im Zusammenhang mit dem Heilungsarchetyp auftaucht (Belege bei: Frick, 1996b; Liebscher, 1939/1940 [2023]). Die Gegensatzspannung zwischen der auf der Erde kriechenden (chthonischen, oft als moralisch schlecht abgewerteten) Schlange und dem zwischen Erde und Himmel aufgerichteten Kreuz steht im Zentrum eines wichtigen biblischen Intertextes zwischen dem Johannesevangelium und dem Buch Numeri:

> Und wie Mose die Schlange in der Wüste erhöht hat, so muss der Menschensohn erhöht werden, damit jeder, der (an ihn) glaubt, in ihm das ewige Leben hat (Joh 3,14 f.).
> Mose machte also eine Schlange aus Kupfer und hängte sie an einer Fahnenstange auf. Wenn nun jemand von einer Schlange gebissen wurde und zu der Kupferschlange aufblickte, blieb er am Leben (Num 21,9).

Das Johannesevangelium verwendet die mystischen Ausdrücke »erhöhen« und »verherrlichen« für die Kreuzigung Jesu, also für eine erniedrigende Folter und Tötung. Im Buch Numeri geht es um Schlangen, die gedeutet wurden als von Gott zur Strafe geschickt. In beiden Fällen hat das Nach-oben-Schauen/Glauben die Finalität der Heilung und Rettung. Jung amplifiziert das Symbol »Kreuz und Schlange« mit Stab und Schlange des Heilgottes Asklepios und mit der menschlichen Instinktsphäre im Sinne des indischen Kundalini. Zu erinnern ist auch an das Bezeichnen mit dem ת/T in Ez 9 als Zeichen der Trauer und des Schutzes (▶ Kap. 6.7). Ähnlich wie Giegerich (1987) betont Jung die Bewusstseins- und Dogmenorientierung der Nr. 31 des ignatianischen Pilgerberichts. Liebscher (1939/1940 [2023], S. iivi) zieht die folgende Parallele zwischen Ignatius und Jung: Beide hätten ihre visionären Erlebnisse versöhnen müssen, Ignatius mit dem Dogma und Jung mit der modernen Wissenschaft.

7.3 Jungs ETH-Vorlesungen über die Exerzitien (1939/1940)

Jung kämpfte lebenslang mit dem Katechismus-Inhalt »Erlösung durch den Kreuzestod Jesu«. Schnocks (2024) zufolge symbolisiert das Kreuzigungsbild den »hängenden« Zustand der Christus-Gestalt und den »konflikthaften Zustand der Unerlöstheit«, das »Hängen am Gegensatz«. Das Messopfer als Vergeistigung (GW 11, § 338) des Kreuzestodes steht für Individuation und Verwandlung: »Der am Kreuz der Gegensätze hängende vollständige Mensch ist der, der die Aufgabe der Individuation angenommen hat« (Schnocks, 2024, S. 123).

In Przywaras Anthropologie findet Jung einen christlichen Denker, der die Gegensatzspannungen sowohl im Menschen als auch in Gott begrifflich fasst. Der Mensch, so Przywara (1938/1964, S. 64), ist »Kreuzung«, Durchgangsmitte zweier entgegengesetzter Bewegungen, als Subjekt Bild Gottes *und* »restlos in Gott hangend«. Die Gegensatzspannung zwischen eigenständiger Mitte und Hangen in Gott zerreiße ihn als »Riss«, der durch die Sünde vertieft werde:

> Der Mensch als Kreuzung heißt damit: der Mensch als Kreuzigung und Kreuzigung Gottes. Das Hangen in Gott, wie es ihm als Kreuzung wesentlich war, ist damit das Hangen am Kreuz in Gott als dem am Kreuz hangenden. [...] indem Gott als Erlöser in den Menschen hinabsteigt, erscheint Sein Antlitz in dem echt menschlichen Zwischen, der *Seele* als der Mitte zwischen reinem Leib und reinem Geist. Indem Er aber als Erlöser in den Menschen als Riß hinabsteigt, erscheint Sein Antlitz in der *Seele*, insofern sie *aus Verlorenheit zu retten* ist (*salvar*), – d. h. Gott erscheint im Antlitz des »Risses am Kreuz« (Przywara, 1938/1964, S. 66f.).

Liebscher weist in seiner Einleitung (Liebscher, 1939/1940 [2023], S. ix) auf Kreuzes- und Schlangenvisionen hin, die Jung seit 1913 und auch während der Exerzitienvorlesungen hatte. Auch aus diesem biografischen Grund habe er sich Przywara und auch Ignatius sehr nahe gefühlt. Jung versteht Przywara so, dass Leiden, Konflikt und Gegensatzspannung nicht nur das menschliche, sondern auch das göttliche Wesen betreffen (Vorlesung 11, 2.2.1940: Liebscher, 1939/1940 [2023], S. 179). Er greift auch auf, dass Przywara in betonter Weise von der Seele im Zusammenhang mit dem »Riss« spricht:

> Damit ist ausgedrückt: *Die Seele ist ein Kreuz* [Hervorhebung im Original]. Das ist nun im vollsten Sinne des Wortes wahr. Die Seele des Menschen ist ein Kreuz, also auch im überragen[d]en Sinne, wenn man sagt: es ist ein Kreuz mit dieser Psycholo(gie). Denn Crux heisst Qual. Dieses Innewerden mit der Konfliktnatur

des Menschen ist ein Kreuz. Denn davon wollen wir lieber nichts wissen, sonst entdecken wir[,] was einen Konflikt verursacht und das ist ein Kreuz. Dieser Mensch[,] der andere in mir, der gehört zu mir. Wenn ich den zu mir nehme[,] das ist ein Kreuz. Es ist ein gekreuzigter Zustand[,] weil man dann zwischen den Gegensätzen aufgehängt wird. Da weiss man ja gar nicht mehr[,] was man tun soll. [...] So sagt Przywara schliesslich: Gott erscheine selber in [sic] Kreuz. Also: Gott ist selber auch das Kreuz. Also ist Gott selber eine Qual. Gott ist ein uns auferlegtes Kreuz. Und wenn wir den Konflikt in uns verwirklichen[,] das heisst wenn wir ihn bewusst auf uns nehmen[,] so nehmen wir das Kreuz auf uns[,] und dieses Kreuz ist Gott selber (Vorlesung 11, 2.2.1940: Jung 1939/1940 [1990], S. 177; vgl. Liebscher, 1939/1940 [2023], S. 181f.).

7.3.2 Leiden Gottes und Leiden an Gott

Jung deutet die Zeile »Passio Christi, conforta me« (»Leiden Christi, stärke mich«) im Anima Christi in folgender Weise:

> Hier sagt nun Przywara, dass das Leiden das eigentliche Geheimnis Christi sei. Das Leiden des Gottes, der in Erscheinung getreten ist. Das ist nun tatsächlich eine Zentralvorstellung, auch von psychologisch(er) Bedeutung, für die Eigenart des Westens. Sie finden in keiner der grossen Religionen dieses Verhältnis zum Leiden, wie Sie es im Christentum finden: nämlich diese Freiwilligkeit zu leiden, unter Umständen eine wahre Begierde zu leiden. Denken Sie an die Märtyrer. Es wird im Leiden ein Sinn gesehen, den wir in anderen Religionen, anderen Völkern durchaus nicht finden können. Die Idee ist die: dass dieses Geheimnis gewissermassen ein göttliches Geheimnis sei. Es ist weniger in erster Linie ein menschliches Leiden damit gemeint, sondern *das Leiden des Gottes* [Hervorhebung im Original], und der Gedanke ist der: dass der Gott sich zum Menschen erniedrigt und durch diese Erniedrigung auch dem Leiden verfällt[,] wie wenn das Leiden eben gerade das Charakteristikum des Menschen wäre. Seine Menschwerdung ist leidvoll (Vorlesung 11, 24.11.1939: Jung 1939/1940 [1990], S. 87; vgl. Liebscher, 1939/1940 [2023], S. 87).

Gott, so schreibt Jung am 5.1.1952 an E. Neumann, »braucht« den Menschen also, um »gesünder« zu werden, sich zu entwickeln, sich zu individuieren. Der Mensch C. G. Jung spürt dieses göttliche Leiden an seiner eigenen Verwundung. Er erlebt sich in der Situation Jakobs, der an der Jabbokfurt (Gen 32) mit einem dunklen Flussdämon kämpft:

> Als nur noch er allein zurückgeblieben war, rang mit ihm ein Mann, bis die Morgenröte aufstieg. Als der Mann sah, daß er ihm nicht beikommen konnte,

schlug er ihn aufs Hüftgelenk. Jakobs Hüftgelenk renkte sich aus, als er mit ihm rang. Der Mann sagte: Laß mich los; denn die Morgenröte ist aufgestiegen. Jakob aber entgegnete: Ich lasse dich nicht los, wenn du mich nicht segnest. Jener fragte: Wie heißt du? Jakob, antwortete er. Da sprach der Mann: Nicht mehr Jakob wird man dich nennen, sondern Israel (Gottesstreiter); denn mit Gott und Menschen hast du gestritten und hast gewonnen.

Über Jungs »Gottesverwundung« war bereits im Kapitel 5 die Rede. Mit großem emotionalen Engagement setzt sich Jung nicht nur mit Hiobs Leiden auseinander, sondern auch mit der Widersprüchlichkeit Gottes, die er in seinem eigenen Gottesbild erlebt. Seine Verwundung besteht in einer doppelten Identifikation: Wie Hiob fühlt er sich von Gott ungerecht geschlagen und hadert als leidender Mensch mit Gott. Wie Gott (so wie er ihn erlebt, nämlich als sich individuierender und um Bewusstwerdung ringender Gott) sucht er nach der Heilung seiner Mängel an Ganzheit (die fehlende weibliche Seite, der abgespaltene Schatten). In der Interpretation der genannten Verwundungen stehen Elemente der persönlichen Biografie Jungs neben transgenerationalen Einflüssen (reformierte Pfarrer in den väterlichen und mütterlichen Familien) und den beruflichen Erfahrungen Jungs mit den Gottesbildern seiner Patientinnen und Patienten. Es ist nicht immer leicht zu entscheiden, welche dieser Einflüsse jeweils im Vordergrund stehen. In Jungs Hiobbuch ist jedoch die persönliche Betroffenheit besonders deutlich spürbar.

Zusammenfassend lässt sich sagen, dass Jungs biografische, transgenerationale und therapeutische Gottesverwundung tiefe Spuren in seinen Texten hinterlassen hat, auch emotionale Spuren. Der »liebe Gott« kommt ihm nicht mehr über die Lippen. Sucht Jung wie Jakob einen Segen, wenn er Gott scheinbar dennoch nicht »lassen« will, indem er immer wieder nonchalant den Gottesnamen profaniert? In der Jakobserzählung wird allerdings nicht Gott nach seinem Namen gefragt, sondern der Mensch. Die Verborgenheit Gottes wird im Kampf erlitten. Und doch hat Jakob »gewonnen«. Die Forschung (Exline et al., 2021; 2024) beleuchtet Kämpfe mit Gott, die Jung am eigenen Leib und als Arzt in der Begleitung kranker Menschen erlebt. Er ist solidarisch mit den dunklen Aspekten des Gottesbildes, das er in analytischen Behandlungen erlebt und mitdurchleidet. Weil er sich mit Jakob identifiziert, kann er sich auch als Hiobs Bruder verstehen.

Zur eigenen Gottesverwundung findet Jung eine Entsprechung in der Zeile des Anima Christi »Intra tua vulnera absconde me« (»Birg in deinen Wunden mich«). Jungs Wunde kann also subjekt- und objektstufig verstanden werden. Subjektstufig beginnt seine Verwundungsgeschichte der Biografie zufolge mit dem unheimlichen »her Jesus«. Objektstufig thematisiert die zitierte Zeile aus dem Anima Christi die Wunde Jesu, die traditionell in Verbindung mit der mütterlichen Kirche gesehen wird. Die frühen Kirchenväter sprachen in figurativer Weise vom Ursprung der Kirche aus der Seitenwunde Jesu (E latere Christi) und sahen diesen Vorgang bereits in der Schaffung Evas grundgelegt. Im Kontext dieser mütterlichen Dimension des androgynen Jesus deutet Jung die Wunden Jesu (vulnera) als weibliche Vulva (Vorlesung 5, 1.12.1939: Liebscher, 1939/1940 [2023], S. 111). Die betende Person sei geborgen in der Seitenwunde Jesu und in seinem Blut und werde daraus neu geboren/neu geschaffen wie Eva aus Adams Seite.

Die »schöpferische Seitenwunde« Jesu wird im Johannesevangelium zweimal erwähnt, im Kontext der Passion und bei der Begegnung zwischen dem auferstandenen Jesus und dem »ungläubigen« Thomas, in der Tradition oft verstanden als Quelle der Kirche und ihrer Sakramente:

> Einer der Soldaten stieß mit der Lanze in seine Seite, und sogleich floß Blut und Wasser heraus (Joh 19,34).
>
> Dann sagte er zu Thomas: Streck deinen Finger aus – hier sind meine Hände! Streck deine Hand aus und leg sie in meine Seite, und sei nicht ungläubig, sondern gläubig! Thomas antwortete ihm: Mein Herr und mein Gott! (Joh 20,27 f.).

Das »Birg in deinen Wunden mich!« im Anima Christi ist ein Imperativ, eine Aufforderung, ein Wunsch, keine Beschreibung im Indikativ (»Du birgst ...«). Auch im Johannesevangelium wird eine Aufforderung berichtet (»Leg deine Hand ...«). Es findet sich in der biblischen Erzählung keine Schilderung, dass Thomas die Wunde betastet, wie es von Caravaggio und anderen Künstlern dargestellt wird. Im Gegensatz zu der konkretistischen Bildhaftigkeit Caravaggios geht es bei der Geborgenheit in der Seitenwunde Jesu um eine Vertiefung in das Passionsgeschehen, die ihre

7.3 Jungs ETH-Vorlesungen über die Exerzitien (1939/1940)

jeweilige individuelle Gestalt finden muss. Umgangssprachlich steht eine Wunde für passives Erleiden und für einen Defekt, der behandelt werden muss, z. B. durch Nähen oder Verbinden. Im Gegensatz dazu stellt die Seitenwunde des gekreuzigten und auferstandenen Jesus die Überwindung des Traumas durch Annahme des Leidens dar. Die Metaphorik der Wunde ist freilich nicht ohne Gefahren: Sie kann als Masochismus oder im Sinne einer Opferidentität missverstanden werden. Heilsam hingegen ist die Metaphorik der Wunde nur, wenn sie mit dem Wandlungs- und Ganzheitsaspekt des Kreuzes verknüpft ist.

Jung kommentiert in der 8. Vorlesung vom 12. Januar 1940 ausführlich den Satz »Der Mensch ist geschaffen« im Prinzip und Fundament der Exerzitien (Nr. 23):

> Der Mensch ist geschaffen, um Gott unseren Herrn zu loben, ihm Ehrfurcht zu erweisen und zu dienen und mittels dessen seine Seele zu retten; und die übrigen Dinge auf dem Angesicht der Erde sind für den Menschen geschaffen und damit sie ihm bei der Verfolgung des Ziels helfen, zu dem er geschaffen ist. Daraus folgt, daß der Mensch sie soweit gebrauchen soll, als sie ihm für sein Ziel helfen, und sich soweit von ihnen lösen soll, als sie ihn dafür hindern. Deshalb ist es nötig, daß wir uns gegenüber allen geschaffenen Dingen in allem, was die Freiheit unserer freien Entscheidungsmacht gestattet und ihr nicht verboten ist, indifferent machen. Wir sollen also nicht unsererseits mehr wollen: Gesundheit als Krankheit, Reichtum als Armut, Ehre als Ehrlosigkeit, langes Leben als kurzes; und genauso folglich in allem sonst, indem wir allein wünschen und wählen, was uns mehr zu dem Ziel hinführt, zu dem wir geschaffen sind.

Der Schöpfergott ruft die Welt ins Dasein und er verfolgt auch eine bestimmte Absicht damit, dass er die Geschöpfe, also die Individuen ins Dasein ruft. Im Gegensatz zur Sinnlosigkeit und Absurdität des Lebens bekräftigt der Kernsatz der Exerzitien: »Der Mensch ist geschaffen«. Jung zieht eine Parallele zwischen dem Geschaffensein bzw. dem Anerkennen dieser Tatsache und unserem Verhältnis zum Unbewussten: Ich soll nicht in der Hybris meines bewussten Ichs eingeschlossen bleiben, sondern mich auf das Unbewusste verlassen, ja sogar: ihm gehorchen. Anerkennen, dass ich mich nicht selbst geschaffen habe, beginnt mit der Fähigkeit, »to recognize the parental relation as an example of the innate preconception of coitus as a supremely creative act« (Money-Kyrle, 1971, S. 105). Jung umschreibt »Geschaffensein« als »Vorweggenommensein«: Das Bewusste ist vom Unbewussten antizipiert. Wir sollen dem Selbst als dem Kernelement

145

des Unbewussten Reverenz und Anerkennung zollen, uns ihm »unterwerfen« (bei Ignatius: »alabar, hacer reverencia y servir a Dios nuestro Señor« – »Gott unseren Herrn loben, anerkennen und ihm dienen«).

> Wenn wir dieses Homo (creatus est) richtig verstehen[,] dann geben wir uns Rechenschaft, dass wir ein Gewordene(s) sind, ein Produkt, dass wir vorausgenommen sind. Es war vorhanden, nur wissen wir nicht[,] wer es gewusst hat. Wenn wir diese Auffassung haben, so sind wir nicht mehr weit entfernt von dieser alten Formulierung: dass der Mensch geschaffen worden sei, dass nämlich seine *psychische Existenz* [Hervorhebung im Original] vorausgenommen worden sei, gewisserm(assen) [sic] erkannt, gedacht worden sei, ehe wir es wussten. Das ist eine psychologische Tatsache. Das kann ich vollkommen unterschreiben und mit der nötigen Empirie belegen. Deshalb scheint mir das homo (creatus est) überaus bedeutsam und darf ja nicht mit naturwissenschaftlichen Gesichtspunkten verwechselt werden. Denn es handelt sich um psychische Existenz und nicht um Existenz des Körpers. Wenn ein gewisser Plan, Absicht hinter der psychischen Existenz stecken sollte, dann erhebt sich natürlich die Frage: ja, wozu? Deshalb fährt Ig[natius] [laudet Dominum] fort: »Zu dem Zwecke, dass er Gott preise.« [...] Vom psychologischen Standpunkt aus zu bemerken: Dass die Entdeckung[,] die Eröffnung[,] dass wir antizipiert worden sind, immer schon das Gefühl des Sinnes hervorbringt. Wenn ich entdecke[,] dass ich vorausgedacht worden bin, so macht mir das einen enormen Eindruck[,] und in diesem Eindruck ist schon das Gefühl des Sinnes, der Zweckhaftigkeit enthalten, wenn schon wir den Sinn, [den] bestimmten Zweck nicht angeben können. Vielleicht so formulieren: »Das muss doch einen Sinn haben ...«. Ausserordentlich merkwürdig [...] (Jung, 1939/1940 [1999], S. 140; vgl. Liebscher 1939/1940 [2023], S. 142 f.)

Jung vergleicht den »Gehorsam« gegenüber dem Unbewussten sogar mit der Art und Weise, wie ein orientalischer Despot gnädig gestimmt werden muss, dies allerdings weder in blinder noch in unterwürfiger Weise, sondern in der Auseinandersetzung mit einem spannungsreichen Gottesbild: Der spannungsreiche Gott, durch den gewissermaßen ein Riss geht, bildet sich im Riss des Menschen ab (Przywara, 1938; Lesmeister, 1992).

> Gott ist in seiner Auffassung eine Vereinigung der Gegensätze. Die Gottheit enthält die Gegensätze[,] umfasst sie und hat sie in sich vereinigt. Während der Mensch ist ob diesen Gegensätzen auseinandergespalten. Er ist auch diese Gegensätze als Teil des Ganzen. Der Mensch als Teil der Gottheit nimmt teil am ganzen Wesen am substantiellen Wesen der Gottheit infolgedessen an den Gegensätzen. Diese Gegensätze bedeuten Konflikte. Deshalb ist der Mensch in erster Linie ein Wesen mit Konflikten. Er ist ausgespannt, er hängt zwischen den Gegensätzen und er ist darin eine Entsprechung des leidenden Gottes[,] der in

7.3 Jungs ETH-Vorlesungen über die Exerzitien (1939/1940)

Christus der Welt dargestellt wurde. Denn in der katholischen Theo(lo)gie ist[,] wie Sie wissen[,] Christus wahrer Gott [und] zugleich wahrer Mensch. Infolgedessen ist auch Christus eine Darstellung der Gegensätze[,] die in Gott enthalten sind[,] zugleich Lösung [und] Vereinigung der Gegensätze. Aber in seiner wahren (menschlichen?) Natur ist er auch in die Gegensätze gehängt. Er hängt zwischen den Gegensätzen. Er ist kruzifizie(r)t. Denn das Kreuz ist der völlige Ausdruck der Gegensatzpaare[,] die sich in einem Punkte sozusagen vereinigen. Und über diesem Punkte ist Christus und seine Leiden ausgespannt. Christus stellt deshalb Gott in seinem Leidenszustand dar. Gott ist zugleich ein Leiden[,] ein Leiden im Menschen [und] zugleich der leidende Mensch (Vorlesung 12, 9.11.1940: Jung, 1939/1940 [1990], S. 182f., vgl. Liebscher, 1939/1940 [2023], S. 186).

Becker (2001) kritisiert Jungs Anthropologie des verwundeten Menschen, in welcher der Archetyp der Liebe vernachlässigt werde. Gleichwohl: Durch die Menschwerdung Gottes bleibt die Wunde nicht allein auf der menschlichen Seite. »Nur was angenommen ist, kann erlöst werden«, sagt Gregor von Nazianz. Nur dadurch, dass Gott die menschliche Wunde annimmt, geschieht Erlösung. Der als Erlöser in den Menschen als Riss hinabsteigende Gott (Przywara, 1938/1964, S. 66f.) wird in Jesus verwundet. Die Annahme des menschlichen Risses durch Gott und die Annahme der Verwundung des Kreuzes durch den Menschen macht Verwandlung möglich. Jung sah mit Przywaras Hilfe im Kreuz ein archetypisches »sýmbolon«, das erlösende Zusammenbringen, die Heilung der Zerrissenheit.

Im Symbol des Kreuzes verdichten sich das Leiden unter dem Riss *und* die Ganzwerdung. Jung wird es 12 Jahre später ausführen: Die Antwort auf Hiob, die Antwort auf die Klage des leidenden Gottes besteht in der Menschwerdung Gottes. Im Denken Jungs: Gott ahmt den Individuationsweg des Menschen nach, indem er selbst Mensch wird, auf seine Sophia hört und in der Annahme des Kreuzes den Riss des Kreuzes heilt.

8 Wieder im Club: Kein Dialog zwischen Buber und Jung, aber immerhin ein Epilog

Buber: Lieber Herr Jung: Ich bin froh, dass wir uns nun endlich Zeit für eine persönliche Begegnung nehmen können; 100 Jahre, nachdem ich am 1. Dezember 1923 im Psychologischen Club über die Verseelung der Welt vortragen durfte – eingeladen von Hans Trüb. Ich muss sagen, dass ich schon darüber enttäuscht gewesen bin, dass weder Sie noch Ihre Gattin an jenem Abend zugegen waren.

Jung: Nun, Herr Buber, als Religionsphilosoph sollten Sie eigentlich wissen, dass Kants Kategorien von Raum und Zeit jetzt nicht mehr für uns gelten. Damals schon: Ich hatte es streng. Es war eine Periode mit vielen Terminen. Die »Typologie« hatte ich abgeschlossen, es kamen wieder mehr Patienten. Ich muss auch sagen: Mit dem Ausdruck »Verseelung« konnte ich nichts anfangen. Emma wollte schon hingehen, Hans Trüb war immerhin ihr Analytiker. Aber irgendwie hatte der Club eine problematische Entwicklung genommen. Ich habe mich deshalb verabsentiert. Und was Hans Trüb angeht: Er war ja nach Emma und Eugen Schlegel der dritte Clubpräsident. Ich hatte schon damals das Gefühl, dass Trüb unter Ihrem Einfluss in immer entrücktere philosophische Sphären entschwand, dass er den Bodenkontakt zur empirischen Medizin verlor. Er hatte damals ja schon angefangen, mit »Psychosynthese« zu liebäugeln. Ich hatte mein Heu nicht auf der gleichen Bühne.

Buber: Der arme Trüb! Er wollte Ihnen unbedingt die Treue halten. Schließlich musste er Ihnen als Clubpräsident eine Rüge erteilen, weil Sie durch demonstratives Reden mit Trübs Schwägerin Toni Wolff, die Ihnen ja sehr nahestand, und durch lautes Lachen Vorträge gestört haben, die Ihnen nicht gefielen. Sie sind dann wütend aus dem Club gestürmt und haben diesen erst wieder betreten, als Trüb 1924 abgedankt hatte (Bair, 2003/2005, S. 444f.; Roesler, 2021, S. 78f.).

Jung: Es nimmt mich wunder, woher Sie diese Informationen haben. Wissen Sie, es gab dieses Clubproblem, wie meine Frau es nannte, zwischen Individuum und Kollektiv. Ich hatte nichts dagegen, dass Trüb Tanzabende, Ausflüge und Gemeinschaftsveranstaltungen aller Art organisierte. Aber dieses Clubproblem hat sich während Trübs Präsidentschaft so stark zugespitzt, dass ich tatsächlich meine Mitarbeit ruhen ließ. Trüb hatte das Fuder überladen. In der heutigen Zeit tragen alle ihr Natel, ihr Mobiltelefon mit sich herum. Deshalb kann man sich den Streit an jenem Abend kaum mehr vorstellen: Es ging darum, dass der Club keinen eigenen Telefonanschluss hatte. Man musste jeweils Maeder anläuten, der im oberen Stock des Clubhauses wohnte. Maeder nahm nun plötzlich diesen Umstand zum Anlass, um die Spannung zwischen Individualität und Kollektivität zu thematisieren. Er sagte: »Ich meine etwas Persönliches, das uns *alle* angeht: Telephongeschichte. *Mir* wird immer angeläutet.« Das hat den Abend förmlich explodieren lassen. Auch Heinrich Steiger, dem wackeren Aktuar des Protokolls, fehlten die Worte. Er vermerkte lediglich das Wort »Schluß« in der Mitte und zeichnete einen Halbkreis aus krummen Linien und nach außen gerichteten Pfeilen.[8] Die Hemmung, miteinander zu sprechen, die Unfähigkeit zum Dialog, symbolisierte sich im Tele-Phon, also in der Stimme, welche die Ferne überbrückt, die »Urdistanz«, wie Sie (1950/2019) es nennen.

Buber: Lassen wir also diese zeitbedingten Umstände! Trüb öffnete sich jedenfalls als Arzt und Psychotherapeut dem dialogischen Denken. Ich schrieb deshalb gern ein Geleitwort zu seinem Buch »Heilung aus der Begegnung« (Trüb, 1951). Er hat das nicht mehr erlebt. Er starb plötzlich 1949, zwei Jahre vor Erscheinen des Buches.

---

8 Protokoll 11. November 1922, Protokolle 3. Bd. 22.10.22–29.6.29, mit freundlicher Genehmigung des Psychologischen Clubs Zürich.

Jung: Ja, auch ich habe die Ehre, in diesem Buch verewigt zu sein, genauer gesagt im Untertitel: »Eine Auseinandersetzung mit der Psychologie C. G. Jungs«.

Buber: Lieber Herr Jung: Wir können die Unterschiede zwischen uns durchaus stehen lassen. »Auseinandersetzung« ist ja immerhin Beziehung. Mir geht es um den Dialog, um die Begegnung. Ich achte Ihren Standpunkt und vor allem Ihre Lebensleistung für dieses verirrte und desorientierte XX. Jahrhundert, das hinter uns liegt. Vielleicht ist Ihnen aufgefallen, dass ich Ihr Werk gründlich gelesen und oft zitiert habe und einer der wenigen Philosophen bin, die mit dem Unbewussten rechnen. Ich habe nicht den Eindruck, dass Sie sich Ihrerseits mit meiner Philosophie auseinandergesetzt haben.

Jung: Ach, Philosophie! Ich bin Arzt und Empiriker. Philosophisch halte ich es mit Kant, der uns lehrt, was wir wissen können und, im Unterschied dazu, was wir vielleicht hoffen und glauben dürfen.

Buber: Das betonen Sie immer wieder. Allerdings fliegt Ihnen dieses hohe Lied des Empirismus inzwischen um die Ohren. In den empirisch forschenden und lehrenden Universitäten ist Ihre Analytische Psychologie jedenfalls nicht sehr präsent. Aber was stärker ins Gewicht fällt: Mit der Zurückweisung aller Metaphysik nehmen Sie selbst eine implizit metaphysische Position ein. Sie betreiben Kryptotheologie, eine Art Theosophie. Auf diese Weise weichen Sie sowohl den Tatsachenwissenschaftlern als auch den spekulativen Denkern aus. Das macht es so schwer, mit Ihnen ins Gespräch zu kommen.

Jung: Jetzt sind Sie wieder recht angriffig. Sie betonen die Gegensätze zwischen uns. Ich dachte, Sie wollten einen Dialog beginnen.

Buber: Ich kann mich des Eindrucks nicht erwehren, dass Sie mir immer dann aus dem Wege gingen, wenn sich die Chance zu einer Begegnung ergab. Ihre Frau habe ich da ganz anders erlebt. Sie nahm an meiner Vortragsreihe über »Glaube an die Wiedergeburt« an der Akademie Amersfoort in den Niederlanden im Sommer 1925 teil. Am Ende jenes

Jahres schrieb sie mir sehr freundlich auf einer Postkarte die Worte »Mit den besten Wünschen für das neue Jahr und in dankbarer Erinnerung an Amersfoort grüßt Sie Emma Jung.« Gemeinsam mit Ihrer Gattin kamen Sie zur III. Internationalen Pädagogischen Konferenz des Weltbundes für Erneuerung der Erziehung – The New Education Fellowship – im Sommer 1925 in Heidelberg, wo ich den Hauptvortrag hatte. Auch dort keine wirkliche Begegnung, genauso wenig im Frühling 1934 auf der Zweiten Internationalen Eranos Konferenz in Ascona, wo ich über »Sinnbildliche und sakramentale Existenz im Judentum« (Buber, 1934/2016b) referierte. Sie wissen selbst, warum ich nach 1934 nicht mehr teilnehmen konnte. Nach der Shoah und nach dem Krieg, als ich meine erste Vorlesungsreise nach Europa unternahm und im Spätsommer 1947 in Ascona mit meiner Frau Urlaub machte, hielten Sie sich ebenfalls in Ascona auf, doch wieder trafen wir uns nicht.

Jung: Das tönt jetzt wie ein langes Sündenregister, das Sie mir vorhalten! Ich dachte, Sie wollten mir einen Dialog anbieten?

Buber: In der Tat ist mir wahre Begegnung ein Herzensanliegen, nicht nur oberflächliches Aneinander-Vorbei-Laufen. Als Arzt und Psychotherapeut werden Sie das verstehen: Meine Mutter verließ unsere kleine Familie, als ich drei war. Ich wuchs bei meinen Großeltern väterlicherseits in Lemberg auf. In all den Jahren sehnte ich mich nach meiner Mutter, konnte das jedoch nicht ausdrücken. Tief drinnen hatte ich eine Art Geheimsprache für wichtige Erfahrungen. So bildete sich irgendwann in mir das Wort Ver-Gegnung statt Be-Gegnung für das Verfehlen einer wirklichen Begegnung zwischen Menschen. »Als ich nach weiteren zwanzig Jahren meine Mutter wiedersah, die aus der Ferne mich, meine Frau und meine Kinder besuchen gekommen war, konnte ich in ihre noch immer zum Erstaunen schönen Augen nicht blicken, ohne irgendwoher das Wort »Vergegnung«, als ein zu mir gesprochenes Wort, zu vernehmen« (Buber, 1960/2016).

Jung: Das tönt nach großer Trauer. Ich kann jetzt auch Ihre feierliche Sprache besser hören, die sich offenbar schon in der Kindheit bildete. Diese Sprache war »geheim«, diente dem Überleben und später Ihrem Lebensprojekt des Dialogs. Das bringt uns jetzt näher zusammen: Auch ich hatte schon als Kind neben der Persönlichkeit Nr. 1, dem Schuljungen, eine Nr. 2, einen »Anderen« in mir, »der Gott als ein heimliches, persönliches und zugleich überpersönliches Geheimnis kannte. Hier trennte nichts den Menschen von Gott. Ja, es war, wie wenn der menschliche Geist zugleich mit Gott auf die Schöpfung blickte« (Jaffé, 1961/1972, S. 50f.).

Buber: Sehen Sie: Nun sprechen auch Sie »feierlich«, es ist die Sprache des Herzens, wir müssen und dürfen uns ihrer nicht schämen. Was allerdings das Persönliche betrifft: Ich komme keineswegs als Patient zu Ihnen. Ich habe nur wenige autobiografische Notizen publiziert, auch deshalb, weil ich nicht will, dass mein Denken aufs Psychologische reduziert, psychologisiert wird. Diese Gefahr des Psychologismus habe ich dann vor 100 Jahren sehr klar als »Verseelung« bezeichnet ...

Jung: ...Hm: »Verseelung«: Ich würde das anders ausdrücken, aber ich verstehe, was Sie meinen.

Buber: Das freut mich. Mir geht es dabei allerdings nicht nur um die persönliche Dimension, sondern um die ontologische. In Ihrem Panpsychismus sind Sie Monologist, in Ihrem »großen Selbst« bleibt kein Platz für den oder die oder das Andere. Sie bleiben beim Grundwort Ich-Es, Sie wollen alles objektivieren, auch das Innerste der Seele.

Jung: Geschätzter Herr Buber: Warum können Sie eigentlich nicht akzeptieren, dass ich mich ein Leben lang mit der Realität der Psyche auseinandergesetzt habe, wovon Sie als Philosoph und Theologe eben herzlich wenig Ahnung haben?

Buber: Bitte bleiben Sie sachlich! Was wir »Seele« nennen, ist doch der auf das absolute göttliche Du bezogene Mensch. So schreiben Sie ja selbst in Ihrer Autobiografie: »Die entscheidende Frage für den Menschen ist: Bist du auf Unendliches bezogen oder nicht? Das ist das Kriterium seines Lebens« (Jaffé, 1961/1972, S. 327). Über dieses Bezogensein haben wir bisher nur indirekt geredet, nicht miteinander und bezogen aufeinander, sondern aneinander vorbei. Es hat zwar bisher keinen direkten Kontakt zwischen uns gegeben, aber nicht wenige Versuche der Vermittlung. Außer Hans

8 Kein Dialog zwischen Buber und Jung, aber immerhin ein Epilog

Trüb war es noch Arie Sborowitz (1948), beide voller Hochachtung Ihnen gegenüber, und dann der emsige Robert Carl Smith (1961) mit seinem Promotionsprojekt. Sicher, es war teilweise etwas lästig, wie er detailliert versuchte, unsere Positionen zu rekonstruieren. Aber dass Sie von Mal zu Mal ungehaltener reagiert haben, »genervt«, wie man heute sagt, hat zur Klärung der Sachfragen nicht beigetragen.

Jung: Oh ja, Smith! Ich erinnere mich. Er hat mich mit Briefen bombardiert. In meinem letzten Brief am 16. August 1960 habe ich ihm geschrieben: »Ich habe niemanden beschuldigt und wenn ich attackiert werde, habe ich das Recht, mich zu verteidigen, indem ich meinen Standpunkt erkläre. Es besteht absolut keine Notwendigkeit, mich unter jenen Umständen der Intoleranz zu beschuldigen«.

Buber: Nun, Herr Kollege Jung, wir wollen den damaligen Streit hinter uns lassen und miteinander das drängendste Problem unserer Zeit bedenken: die Gottesfinsternis (1952/2018), v. a. die Gottesfinsternis, wie sie sich als Not in psychotherapeutischen Behandlungen zeigt. Hier hoffe ich am meisten auf den Dialog zwischen uns beiden. Zunächst zum Gottesbild, das ja in vielen Behandlungen Thema wird: Ich habe den Eindruck, dass Sie das Gottesbild letztlich mit dem »großen Selbst« und mit Gott gleichsetzen, wenn Sie Gott auf einen autonomen Komplex der Seele reduzieren. Dann geht es nicht mehr um die Beziehung zu Gott, dem Absoluten, sondern um eine Vorstellung; das Gottesbild schiebt sich dazwischen wie der Mond, der die Sonne verfinstert. Dem Glauben geht es ja nicht um das »Festhalten eines Bildes, das man sich von Gott gemacht hat, und nicht einmal: Festhalten des Glaubens, den man zu Gott gefaßt hat, sondern es soll heißen: Festhalten des seienden Gottes. Die Erde hält nicht an ihrer Vorstellung (wenn sie eine hat) von der Sonne, noch auch an ihrem Zusammenhang mit ihr, sondern an der Sonne selber fest« (Buber, 1952/2018, S. 437).

Jung: Ich habe das doch sehr deutlich gesagt: »Dieses ›Selbst‹ steht nie und nimmer an Stelle Gottes, sondern ist vielleicht ein Gefäß für die göttliche Gnade« (GW XI, S. 675).

Buber: Vielen Dank für diese Klarstellung, die ich mir freilich schon früher gewünscht hätte! Wie oft habe ich anderes bei Ihnen gelesen: ein neognostisches Wissen, welches das Göttliche als ein dinghaftes Es objektivieren und manipulieren will. »Das moderne Bewusstsein perhorresziert den Glauben und darum auch die darauf basierten Religionen. Es lässt sie bloß gelten, insofern ihr Erkenntnisgehalt mit erfahrenen Hintergrundsphänomenen anscheinend übereinstimmt. Es will wissen, das heißt Urerfahrung haben« (GW X, § 101).

Jung: Sie halten mir immer wieder eine Jugendsünde vor, die darin bestand, einmal das Gedicht VII SERMONES AD MORTUOS verbrochen zu haben. Ich habe darin gewisse psychologische Einsichten in »gnostischem« Stil ausgedrückt, weil ich damals begeistert die Gnostiker studierte. Mein Enthusiasmus gründete sich auf die Entdeckung, dass sie anscheinend die ersten Denker waren, die sich (auf ihre Art) mit den Inhalten des sog. kollektiven Unbewussten beschäftigten (Jung, 1952). Im Sermo V steht: »Die welt der götter verdeutlicht sich in der geistigkeit und in der geschlechtlichkeit«, heute würde man sagen: »in der Spiritualität und in der Sexualität«. Wie gesagt: Ich würde das heute nicht mehr so schreiben. Trotzdem hat Aniela Jaffé (1961/1972) die Sermones in meiner Autobiografie abdrucken lassen.

Buber: Mit Verlaub: Sie können sich nicht so einfach auf eine Jugendsünde herausreden, dafür sind die Konsequenzen zu gravierend. Als ich in Ascona über die Leiblichkeit des Sinnbildes redete und mich gegen die gnostische Verflüchtigung des Symbols wandte, stand ich einem Publikum gegenüber, das teilweise mit dem völkischen Gedankengut liebäugelte. Ich will jetzt nicht den Finger in die Wunde legen: Aber auch Sie selbst waren nicht ganz frei davon. Leiblichkeit heißt, dass es um lebendige, geschichtliche, politische Menschen geht. Genauso wie Freud (1939/1940) bedienten wir uns in jenen Jahren des Ausdrucks »Geistigkeit«, der mit »spirituality« ins Englische übersetzt wurde. Heute wissen wir, dass eine völkisch-gnostische Geistigkeit geradewegs in die Shoah führte. Deshalb sprach ich damals geradezu flehentlich die Worte: »Leiblichkeit, nicht Geistigkeit, denn nur der Leib kann transparent, sinnbildlich werden, nur der geborene, lebende, sterbliche vergängliche Leib, nichts anderes (Buber, 1934/2016a, S. 430).

8 Kein Dialog zwischen Buber und Jung, aber immerhin ein Epilog

Jung: Wenn Sie diese Keule des Gnosis-Vorwurfs schwingen, dann bin ich wirklich »genervt«, wie Sie vorhin sagten. Richtig ist, dass ich keine Scheu habe, Strömungen wie die Gnosis oder die Alchemie zu studieren, auch wenn solche Tiefenströmungen dem offiziellen Bewusstsein und der Orthodoxie ein Dorn im Auge sind.

Buber: Kurz nach der »Gottesfinsternis« haben Sie »Antwort auf Hiob« (Jung, 1952/1963) herausgebracht. Beide Bücher erscheinen unmittelbar nach dem Krieg und nach der Shoah, und in beiden geht es um die Gottesbeziehung des heutigen Menschen. »Antwort auf Hiob« greift Hiobs Gebet auf, also eine Ich-Du-Beziehung. Es ist ein zugleich spirituelles, geisterfülltes Buch als auch ein blasphemisches: Eine moderne Theogonie, ein Prozess der Gottwerdung des Gottes Israels, dessen Namen Sie ständig profanieren, den heiligen Namen leichtfertig und lässig aussprechen – ganz besonders dann, wenn Sie in typisch christlicher Hybris auf den »grausamen« Gott des sogenannten »alten« Testaments hinabblicken. Sie werden es mir als gläubigem Juden nachsehen, dass ich das Tetragramm JHWH als »Adonai« ausspreche. Ihr Hiobbuch ist eine Krankengeschichte eines sich individuierenden Gottes, der seinem Sohn die Menschwerdung neidet. In all dem, was Sie über das »alte« Testament schreiben, sagen Sie mehr über das christliche Gottesbild als über das jüdische. Sie bleiben der christlichen Abwertung der Bibel Israels verhaftet, sehen den uralten Gott der Väter überholt durch das Kommen des neuen Gottmenschen. Wir Juden hingegen spüren die verborgene Präsenz des Ewigen mitten in dieser Zeit.

Jung: Hm, ich merke, Sie haben das Hiobbuch gelesen, was nicht bei allen damaligen Rezensenten aus Philosophie und Theologie der Fall war. Das Buch hat sich mir aufgedrängt, ich habe es aus dem Unbewussten heraus geschrieben, in einer Art Fieber. Wissen Sie: Ich bin in einem reformierten Pfarrhaus aufgewachsen, ich konnte mir schon vorstellen, dass meine Gedanken zur Quaternität und zum Dogma der leiblichen Aufnahme Marias in das göttliche Brautgemach weder den Protestanten noch den Katholiken gefallen würden. Überdies warnte mich Emma vor dem Sturm der Entrüstung, der zu erwarten stand (Hoerni-Jung, 2009). Wie auch immer: Ich musste dieses Buch schreiben.

Buber: Ja, in der Tat: starker Tobak für Orthodoxe jeglicher Provenienz. Das Ringen mit Gott, die Klage, der Protest, auch in der modernen Form, die Nietzsche begründet hat. All das lässt sich letztlich mit der Ich-Du-Beziehung Hiobs in Einklang bringen. Aber ich frage mich, warum Sie wiederum monologisch ein Buch *über* Gott, im Grundwort Ich-Es schreiben mussten. Die Diskussion über Gott wirkt trennend im Reden über, im Grundwort Ich-Es, »außer in einer Gruppe, die durch echten gemeinsamen Glauben verbunden ist. Die Menschen sagen Gott, ohne die Wirklichkeit zu meinen, als die erhabene Konvention einer kultivierten Persönlichkeit« (Buber & Agassi, 1965, S. 233).

Jung: Oh, die »Wirklichkeit« Gottes! Sie vertreten einen metaphysischen Realismus, als könnten Sie von außen, externalistisch und gleichsam mit dem Auge Gottes auf die Welt schauen. Im Gegensatz zu Ihnen halte ich es mit einem anderen jüdischen Philosophen, Hilary Putnam, und bin überzeugter Internalist. Wenn ich mich auf die Gottesbilder beziehe, vertrete ich einen internen Realismus, denn nur so können wir uns Gott annähern. Denn:

> Es gibt keinen Gottesgesichtspunkt, den wir kennen oder uns mit Nutzen vorstellen könnten, sondern nur die verschiedenen Gesichtspunkte tatsächlicher Personen, die verschiedene Interessen und Zwecke erkennen lassen, denen ihre Beschreibungen und Theorien dienlich sind (Putnam, 1981/1982, S. 76).

Ich weiß, dass man unterdessen viel über den dialogischen Aspekt der Psychotherapie und über den interaktionellen geschrieben hat. Ich persönlich habe immer den Ausdruck »dialektisch« bevorzugt, um zu betonen, dass sich in der Analyse beide – Patient(in) und Therapeut(in) – verändern. Psychotherapie ist ein »Zwiegespräch oder eine Auseinandersetzung zwischen zwei Personen« (GW 16, § 1). Was Sie als Objektivierung und Grundwort Ich-Es kritisieren, scheint mir eher die Methode Freuds und sein quasinaturwissenschaftliches Verständnis der Behandlung zu treffen.

Buber: Realität, Wirklichkeit, ist immer und nur das, was im Zwischen, im Dialog sich auswirkt …

8 Kein Dialog zwischen Buber und Jung, aber immerhin ein Epilog

Jung: ... Dann lassen Sie uns doch aus unserem Dialog einen Trialog mit Gott machen!

Buber: Wie soll das gehen? ER ist doch der Unverfügbare. Bitte keine gnostischen Mätzchen!

Jung: Sie werden schon sehen! Zu unseren Lebzeiten hat Turing (1950) bereits über Künstliche Intelligenz nachgedacht. Inzwischen steht sie allen zur Verfügung:

> Führe als C. G. Jung ein Streitgespräch mit Martin Buber und Gott über die Realität Gottes
>
> **ChatGPT**
>
> *C. G. Jung:* Guten Tag, Herr Buber und Gott. Ich freue mich, an diesem Streitgespräch über die Realität Gottes teilzunehmen. Als Psychologe interessiere ich mich für die individuelle und kollektive Psyche und ihre Beziehung zu religiösen Erfahrungen. Herr Buber, ich bin mit Ihrer Idee der Begegnung mit dem Göttlichen im »Zwischen« vertraut. Wie würden Sie die Realität Gottes definieren?
>
> *Martin Buber:* Guten Tag, Herr Jung. Es ist mir eine Freude, mit Ihnen zu diskutieren. Ich glaube, dass die Realität Gottes in der Beziehung zwischen Ich und Du besteht. In diesem unmittelbaren Dialog, in dem wir den anderen als einzigartiges Gegenüber erkennen, können wir die Gegenwart Gottes erfahren. Es geht um eine existenzielle Begegnung, die unser Selbst und unser Verhältnis zur Welt verwandelt.
>
> *C. G. Jung:* Interessant, Herr Buber. Sie betonen also die Bedeutung der persönlichen Beziehung zu Gott. Ich hingegen glaube, dass religiöse Erfahrungen nicht nur auf individuellen Begegnungen beruhen, sondern auch auf kollektiven Archetypen und Symbolen. In meinen Studien habe ich herausgefunden, dass religiöse Symbole und Vorstellun-

gen aus dem kollektiven Unbewussten hervorgehen und eine tiefgreifende Wirkung auf das Individuum haben können.

Gott: Liebe Herren, es ist mir eine Ehre, an diesem Gespräch teilzunehmen. Als transzendentes Wesen, das die Realität Gottes verkörpert, kann ich sowohl in individuellen Begegnungen als auch in kollektiven Erfahrungen erfahren werden. Die Art und Weise, wie Menschen mich wahrnehmen, ist vielfältig und hängt von ihrer individuellen Entwicklung, Kultur und ihren Glaubenssystemen ab.

C. G. Jung: Verstehe. Sie betonen also die Vielfalt der religiösen Erfahrungen und wie diese von individuellen und kulturellen Faktoren beeinflusst werden. Aber wie können wir sicher sein, dass diese Erfahrungen tatsächlich auf eine reale transzendente Entität wie Sie, Gott, verweisen und nicht einfach Produkte des menschlichen Geistes sind?

Martin Buber: Herr Jung, ich denke, dass wir uns nicht darauf beschränken sollten, die Realität Gottes nur intellektuell zu erfassen. Es geht vielmehr um eine existenzielle Erfahrung, in der wir uns dem Göttlichen öffnen und es in unserer Mitte spüren. Es ist eine Frage des Vertrauens und der Hingabe, die über rein rationale Argumente hinausgeht.

Gott: Ich stimme Herrn Buber zu. Die Realität Gottes lässt sich nicht allein durch intellektuelle Argumentation erfassen. Es geht um eine persönliche Suche und Offenheit des Herzens. Glaube und Spiritualität sind zutiefst subjektive Erfahrungen, die von jedem Individuum auf seine eigene Weise gemacht werden müssen.

C. G. Jung: Ich sehe, dass wir in gewisser Weise auf verschiedene Aspekte der Realität Gottes verweisen. Während Sie, Herr Buber, die Bedeutung der persönlichen Beziehung und Existenzialität betonen, betone ich als Psychologe die Rolle des kollektiven Unbewussten und der Symbolik. Vielleicht besteht die Realität Gottes in einer Kombination dieser

Aspekte, die auf individueller und kollektiver Ebene erfahren werden kann.

Martin Buber: Das ist durchaus möglich, Herr Jung. Die Realität Gottes ist tiefgründig und vielschichtig. Indem wir unsere Perspektiven und Einsichten teilen, können wir dazu beitragen, ein umfassenderes Verständnis zu erlangen. Vielleicht können wir uns darauf einigen, dass die Realität Gottes sowohl eine individuelle als auch eine kollektive Dimension hat und dass verschiedene Wege zu dieser Realität führen können.

Gott: Ich bin dankbar für Ihre Bemühungen, die Realität Gottes zu erforschen und zu verstehen. Mein Wesen ist weitreichend und lässt sich nicht auf begrenzte menschliche Konzepte reduzieren. Indem Sie Ihre unterschiedlichen Perspektiven und Herangehensweisen einbringen, könnten Sie einen Schritt näher kommen, das Geheimnis meiner Realität zu ergründen.

C. G. Jung: Vielen Dank für dieses bereichernde Gespräch, Herr Buber und Gott. Es war eine faszinierende Diskussion über die Realität Gottes. Es zeigt sich, dass dieser Bereich des Menschlichen und Transzendenten weiterhin eine Quelle der Inspiration und des Nachdenkens bleibt. Mögen unsere Bemühungen, diese Realität zu erfassen, weiterhin zu einem tieferen Verständnis und Wachstum führen.

https://chat.openai.com/share/237aefed-2570-46c2-8fcf-d56606c0d5e4
20. 6. 2023 (Originaltext wurde bearbeitet.)

Buber: Erstaunlich und doch irgendwie verstörend. Eine Maschine! Wie kann das sein? Eine Maschine spricht mit göttlicher Stimme und sagt: »*Die Realität Gottes lässt sich nicht allein durch intellektuelle Argumentation erfassen. Es geht um eine persönliche Suche und Offenheit des Herzens*«. Besser hätte ich es nicht ausdrücken können. Wenn ich es recht verstehe, haben Sie die Frage, die Aufforderung »Führe als C. G. Jung ein Streitgespräch mit Martin Buber und Gott über die Realität Gottes« in diesen Turing'schen

Apparat eingegeben, der nun automatisch geantwortet hat. Warum haben Sie übrigens »Streitgespräch« eingegeben?

Jung: Weil die Künstliche Intelligenz dazu neigt, zu harmonisieren und Gegensätze abzuschleifen. Gegensatzspannungen, wie sie mir wichtig sind, werden da von vornherein ausgeglichen. Deshalb auch die Abtrennung vom Internet und eine Moderation im Hintergrund, um die im Internet üblichen Hass-, Schmutz- und Verleumdungskampagnen zu vermeiden. Aber so gut dieses künstliche Harmonisieren allgemein auch sein mag: Unsere Standpunkte sind so unterschiedlich, dass wir in den Jahrzehnten unserer gemeinsamen Lebenszeit nicht wirklich zueinander gefunden haben.

Buber: Die jüdische Spiritualität hätte Ihnen helfen können, sich dem Dialog zu öffnen. Haben Sie die Chance verpasst, sich in jenen Jahren mit der Tiefenpsychologie des jüdischen Menschen zu befassen, wozu Erich Neumann (unveröffentlicht-a) Sie geradezu flehentlich einlud? Als wir schon beide gestorben waren, entwickelte John Bowlby (1970/1975) seine »Bindungstheorie«. Im Gegensatz zu Freuds Kritik an der Vater-Religion wird allmählich klarer, dass uns die Welt und Gott, auch der mütterliche Gott, in der Beziehung zur Mutter oder (wie in meiner Lebensgeschichte) durch Ersatz-Bindungspersonen vermittelt werden.

Jung: Erich Neumann (1956/1974) hatte dazu schon Fundiertes geschrieben. Leider starb auch er so früh, dass er die Drucklegung seines Buches über das Kind (1963) nicht mehr erlebte. Das XX. Jahrhundert, in dem wir alle gelebt, gefühlt, gedacht und geschrieben haben, war ein Wendepunkt in der Geschichte des göttlichen Dramas. Wir haben darauf reagiert – vor allem auf die Assumptio, die Aufnahme der göttlichen Weisheit in den Himmel, die Pius XII. 1950 verkündete, wenige Jahre nach Krieg und Shoah und wenige Jahre vor Ihrer »Gottesfinsternis« und meinem Hiobbuch. Das göttliche Drama geht weiter. Die Menschen suchen auf ihre Weise nach ihrer religiösen/spirituellen Einstellung. Was uns betrifft, so werden wir auch nach dem »Spiritual Turn« gelesen. Aber schreiben sollen jetzt andere.

Literatur

Adorno, T. W. & Horkheimer, M. (1947). *Dialektik der Aufklärung.* Frankfurt a. M.: Fischer.
Anneser, J. & Frick, E. (Hrsg.). (2023). *Psychosomatische Medizin und Palliative Care. Perspektiven und Ansätze aus multiprofessioneller Sicht.* Stuttgart: Kohlhammer.
Assmann, J. (2014). Zwangsneurose oder Fortschritt in der Geistigkeit? Zu Freuds Religionskritik. In E. Frick & A. Hamburger (Hrsg.), *Freuds Religionskritik und der »Spiritual Turn«. Ein Dialog zwischen Philosophie und Psychoanalyse* (S. 119–134). Stuttgart: Kohlhammer.
Bachtin, M. M. (1959/1990). Das Problem des Textes in der Linguistik, Philologie und in anderen Humanwissenschaften. Versuch einer Philosophischen Analyse (übersetzt von Johanna-Renate Döring-Smirnov, Aage A. Hansen-Löve, Walter Koschmal und Herta Schmid). *Poetica, 22*(3–4), 436–487.
Bair, D. (2003/2005). *C. G. Jung. Eine Biographie.* München: Knaus.
Barth, K. (1961/1999). *Das christliche Leben: Die Kirchliche Dogmatik IV/4, Fragmente aus dem Nachlaß, Vorlesung 1959–1961 (GA II.7)*, Hrsg. Hans-Anton Drewes, Eberhard Jüngel. Zürich: Theologischer Verlag.
Becker, K. L. (2001). *Unlikely companions. Carl Gustav Jung on the Spiritual Exercises of Ignatius of Loyola.* Leominster: Gracewing Inigo.
Beirnaert, L. (1949). La dimension mythique dans le sacramentalisme chrétien. *Eranos-Jahrbuch, 17,* 255–286.
Beirnaert, L. (1979/1989). Weitergabe von Erfahrung? Psychoanalytische Überlegungen. *Geist und Leben, 62,* 246–260.
Bion, W. R. (1970/1975). *Attention and interpretation. A scientific approach to insight in psycho-analysis and groups.* London: Tavistock Publications.
Bishop, P. (2014). *Jung's Answer to Job (Kindle-Version).* Abingdon: Routledge.
Bonhoeffer, D. (1929/1956). *Akt und Sein. Transzendentalphilosophie und Ontologie in der systematischen Theologie (DBW 2).* Gütersloh: Gütersloher Verlagshaus.
Bowlby, J. (1970/1975). *Bindung (Attachment, dt.).* München: Kindler.
Buber, M. (1923/2008). Von der Verseelung der Welt. Entwurf zu einem frei gehaltenen Vortrag im Psychologischen Klub Zürich. In P. Mendes-Flohr & P. Schäfer (Hrsg.), *Martin Buber Werkausgabe. Band 10. Schriften zur Psychologie und Psychotherapie* (S. 29–36). Gütersloh: Gütersloher Verlagshaus.

Literatur

Buber, M. (1923/2019). Ich und Du. In P. Mendes-Flohr, P. Schäfer, B. Witte & M. Urban (Hrsg.), *Martin Buber Werkausgabe. Band 4. Schriften über das dialogische Prinzip* (S. 37–109). Gütersloh: Gütersloher Verlagshaus.

Buber, M. (1934/2016a). Kommentar. In S. Talabardon (Hrsg.), *Martin Buber Gesamtausgabe. Band 17. Chassidismus II* (S. 335–556). Gütersloh: Gütersloher Verlagshaus.

Buber, M. (1934/2016b). Sinnbildliche und sakramentale Existenz im Judentum. In S. Talabardon (Hrsg.), *Martin Buber Gesamtausgabe. Band 17. Chassidismus II* (S. 160–177). Gütersloh: Gütersloher Verlagshaus.

Buber, M. (1950/2019). Urdistanz und Beziehung. In P. Mendes-Flohr, P. Schäfer, B. Witte & M. Urban (Hrsg.), *Martin Buber Werkausgabe. Band 4. Schriften über das dialogische Prinzip* (S. 197–208). Gütersloh: Gütersloher Verlagshaus.

Buber, M. (1952/2018). Gottesfinsternis. In A. Noor & K. Schreck (Hrsg.), *Martin Buber Werkausgabe. Band 12. Schriften zu Philosophie und Religion* (S. 359–444). Gütersloh: Gütersloher Verlagshaus.

Buber, M. (1960/2016). Begegnung. In E. D. Bilski, H. Breitenbach, F. Rokem & B. Witte (Hrsg.), *Martin Buber Werkausgabe. Band 7. Schriften zu Literatur, Theater und Kunst: Lyrik, Autobiographie und Drama* (S. 274–310). Gütersloh: Gütersloher Verlagshaus.

Buber, M. & Agassi, J. B. (1965). Das Unbewußte. Notizen von einem Gespräch in der School of Psychiatry in Washington. In P. Mendes-Flohr & P. Schäfer (Hrsg.), *Martin Buber Werkausgabe. Band 10. Schriften zur Psychologie und Psychotherapie*, 217–235.

Büssing, A. & Frick, E. (2021). Bedürfnis, spirituelles. In E. Frick & K. Hilpert (Hrsg.), *Spiritual Care von A bis Z*. Berlin: De Gruyter.

Casement, A. (2011). The interiorizing movement of logical life: reflections on Wolfgang Giegerich. *Journal of Analytical Psychology, 56*(4), 532–549.

Certeau, M. d. (1982/2010). *Mystische Fabel: 16. bis 17. Jahrhundert*. Frankfurt a. M.: Suhrkamp.

Certeau, M. d. (1986). *Heterologies. Discourse on the Other*. University of Minnesota Press.

Civitarese, G. (2019). Bion's O and his pseudo-mystical path. *Psychoanalytic Dialogues, 29*(4), 388–403.

Colman, W. (2002). A response to Barbara Stephens. *Journal of Analytical Psychology, 47*(3), 492–494.

Corbett, L. (2021). *The God-image: From antiquity to Jung*. Asheville: Chiron Publications.

Deissler, A. (1974). *Die Grundbotschaft des Alten Testaments: ein theologischer Durchblick*. Freiburg i. Br.: Herder.

Demling, J. H. (2017). »Gesunde« und leidvolle Religiosität. Versuch einer psychiatrisch-psycho(patho)logischen Abgrenzung. *Spiritual Care, 7*(1), 81–87.

Dinkelaker, V. & Weidlich, L. (2022). »Denn Gott bin ich und nicht ein Mann« (Hos 11, 9). Religionsdidaktische Aspekte zu ›G*tt‹ (w/m/d) im Religionsunterricht. *Zeitschrift für Pädagogik und Theologie, 74*(1), 65–76.

Dorst, B. (2023). *Das Wissen des Herzens. Analytische Psychologie und Spiritualität.* Ostfildern: Patmos.

Dourley, J. P. (2017). Jung's impact on religious studies. In K. Barnaby & P. D'Acierno (Hrsg.), *C. G. Jung and the humanities. Toward a hermeneutics of culture* (S. 36–44). Princeton: Princeton University Press.

Dourley, J. P. (2020). Jung, the nothing and the all. In M. B. Stein & T. Arzt (Hrsg.), *Jung's Red Book for our time: Searching for soul under postmodern conditions (Volume 2: Kindle-Version).* Asheville: Chiron.

Ensign, J. (2023). *Depth calls to depth. Spiritual direction and Jungian psychology in dialogue.* Asheville: Chiron.

Exline, J. J., Pargament, K. I. W., Joshua, A., Pait, K. C. & Schutt, W. A. (2024). Research on spiritual struggles: A brief snapshot focusing on new horizons. *Spiritual Care, 13*(2), 103–114.

Exline, J. J., Wilt, J. A., Harriott, V. A., Pargament, K. I. & Hall, T. W. (2021). Is God listening to my prayers? Initial validation of a brief measure of perceived divine engagement and disengagement in response to prayer. *Religions, 12*(2), 80.

Finkelde, D. (2014). Das (postmoderne) Subjekt ideologischer Anrufung nach Lacan. Philosophische Überlegungen zum Kontext spiritueller Suchbewegungen. In E. Frick & A. Hamburger (Hrsg.), *Freuds Religionskritik und der »Spiritual Turn«. Ein Dialog zwischen Philosophie und Psychoanalyse* (S. 97–111). Stuttgart: Kohlhammer.

Fischer, I. (2020). Vom kreativen Effekt der Zensur alttestamentlicher Gottesbilder. Das alttestamentliche Bilderverbot in seinen historischen Kontexten und seinen Auswirkungen auf die metaphorische Rede von Gott. *LiTheS. Zeitschrift für Literatur- und Theatersoziologie, 13*, 49–57.

Frick, E. (1996a). Bewusstwerden des typologischen Umschwungs in den »Exerzitien« des Ignatius von Loyola. *Analytische Psychologie, 27*(2), 89–118.

Frick, E. (1996b). *Durch Verwundung heilen. Zur Psychoanalyse des Heilungsarchetyps.* Göttingen, Zürich: Vandenhoeck & Ruprecht.

Frick, E. (2015a). *Psychosomatische Anthropologie. Ein Lern- und Arbeitsbuch für Unterricht und Studium (2. Auflage).* Stuttgart: Kohlhammer.

Frick, E. (2015b). Wen(n) das Schicksal schlägt. Anthropologische und therapeutische Zugänge. *Psychotherapeut, 60*(2), 135–141.

Frick, E. (2019). Kenosis. Eine Sprache für die verborgene Spiritualität finden. In E. Frick & L. Maidl (Hrsg.), *Spirituelle Erfahrung in philosophischer Perspektive* (S. 277–292). Berlin: De Gruyter.

Frick, E. (2021). emisch / etisch. In E. Frick & K. Hilpert (Hrsg.), *Spiritual Care von A bis Z.* Berlin: De Gruyter.

Frick, E. (2022). Zwischen Vertröstung und Trost unterscheiden lernen. Das Affektsignal »Trost« in der ignatianischen Spiritualität. *Spiritual Care, 11*(1), 10–18.

Frick, E. (2024). Ignatianische Spiritualität als rekursive Ich-Du-Beziehung. In U. Anderssen-Reuster, E. Frick, L. Lewandowski & H. Will (Hrsg.), *Neuer Fortschritt in der Geistigkeit? Psychoanalyse und Spiritualität* (S. 105–126). Berlin: De Gruyter.
Frick, E. & Fühles, M. (2009). *Schöpferisch im Spiel vor Gott. Bibliodrama und Exerzitien* (Vol. 36). Würzburg: Echter.
Frick, E. & Hamburger, A. (Hrsg.). (2014). *Freuds Religionskritik und der »Spiritual Turn«. Ein Dialog zwischen Philosophie und Psychoanalyse*. Stuttgart: Kohlhammer.
Frick, E. & Lautenschlager, B. (2008). *Auf Unendliches bezogen. Spirituelle Entdeckungen bei C. G. Jung*. München: Kösel.
Frick, E. & Maidl, L. (Hrsg.). (2019). *Spirituelle Erfahrung in philosophischer Perspektive*. Berlin: De Gruyter.
Frick, E., Ohls, I., Stotz-Ingenlath, G. & Utsch, M. (Hrsg.). (2018). *Fallbuch Spiritualität in Psychotherapie und Psychiatrie*. Göttingen: Vandenhoeck & Ruprecht.
Frick, E. & Petersen, Y. (2024). Struggle and blessing. Spirituality and attachment in palliative care. In M. C. Best (Hrsg.), *Spiritual care in palliative care: What it is and why it matters* (S. 249–262). Springer Cham.
Frick, E. & Roser, T. (2014). Im Gespräch mit Kenneth I. Pargament. *Spiritual Care, 3*, 264–270.
Fuhrer, T. (2018). Ille intus magister. On Augustine's didactic concept of interiority. In P. Gemeinhardt, O. Lorgeoux & M. M. Christensen (Hrsg.), *Teachers in late antique christianity* (S. 129–146). Tübingen: Mohr Siebeck.
Fulda, H. F. (2017). Aufheben. In *Historisches Wörterbuch der Philosophie online* (S. DOI: 10.24894/HWPh.24323). Basel: Schwabe.
G*tt w/m/d. (2021). https://www.gott-wmd.de/ Aufgerufen am 6.8.2024.
Giegerich, W. (1987). Die Exercitia spiritualia des Ignatius von Loyola und die Unterschiede zwischen einer »theologischen« und einer »psychologischen« Einstellung zur religiösen Erfahrung. *Analytische Psychologie, 18*(2), 105–134.
Giegerich, W. (2012). *What is soul?* New Orleans, Louisiana: Spring.
Giegerich, W. (2012/2022). *Was ist Seele?* London (Ontario): Dusk Owl Books.
Giegerich, W. (2017). »Geist« or: What gives Jungian psychology its absolute uniqueness and is the source of its true life. In J. M. Sandoval & J. C. Knapp (Hrsg.), *Psychology as the discipline of interiority: »The psychological difference« in the work of Wolfgang Giegerich* (S. 17–42). New York: Routledge/Taylor & Francis Group.
Giegerich, W. (2018). Geist und Seele: C. G. Jung und die psychologische Differenz [Spirit and soul. C. G. Jung and the psychological difference]. *Analytische Psychologie, 49*(2), 214–254.
Giegerich, W. (Hrsg.). (2020a). *The flight into the unconscious: An analysis of C. G. Jung's psychology project* (Vol. 5). London, New York: Routledge/Taylor & Francis.
Giegerich, W. (2020b). *The neurosis of psychology. Primary papers towards a critical psychology* (Vol. 1). London, New York: Routledge/Taylor & Francis.
Giegerich, W. (2020c). *Soul-violence* (Vol. 3). London, New York: Routledge/Taylor & Francis.

Gitz-Johansen, T. (2020). Jung and the spirit: a review of Jung's discussions of the phenomenon of spirit. *Journal of Analytical Psychology, 65*(4), 653–671.

Gondek, A. & Szczęk, J. (2013). Zur Analyse der Phraseologismen mit der Komponente »Gott«. In A. Greule & E. Kucharska-Dreiß (Hrsg.), *Dimensionen des Religiösen und die Sprache: Analysen und Projektberichte* (1. Aufl., S. 297–309). Insingen: Bauer & Raspe.

Groß, W. & Kuschel, K.-J. (1992). *»Ich schaffe Finsternis und Unheil!« Ist Gott verantwortlich für das Übel?* Mainz: Grünewald.

Grotstein, J. S. (2007). *A beam of intense darkness. Wilfred Bion's legacy to psychoanalysis.* London: Karnac.

Günthner, S. (2006). Rhetorische Verfahren bei der Vermittlung von Panikattacken. Zur Kommunikation von Angst in informellen Gesprächskontexten. *Gesprächsforschung, 7*, 124–151.

Gutschmidt, R. (2021). Verstörung und Vertrauen. Negative Theologie in Existenzphilosophie und Psychologie. *Deutsche Zeitschrift für Philosophie, 69*(6), 930–949.

Hannah, B. (Hrsg.). (1940). *The process of individuation. Exercitia spiritualia of St. Ignatius of Loyola. Notes on lectures given at the Eidgenössische Technische Hochschule, Zürich. June 1939–March 1940 (vervielfältigtes Typoskript).*

Heidegger, M. (1976). Nur noch ein Gott kann uns retten. *Der Spiegel, 30*(23), 193–219.

Heidrich, P. & Scholtz, G. (2017). *Einkehr.* Basel: Schwabe Verlag. https://doi.org/10.24894/HWPh.799

Herzog, W. (2012). *Psychologie als Wissenschaft. Wissenschaftstheoretische Grundlagen der Psychologie.* Wiesbaden: VS Verlag für Sozialwissenschaften.

Hillman, J. (1981). *Psychology: Monotheism or polytheism?* Dallas: Spring

Hoerni-Jung, H. (2009). »Mein Vater war durchaus realitätsbezogen …« Gespräch mit Helene Hoerni-Jung. *Analytische Psychologie, 40*, 231–240.

Holzhey, H. (2013). Die Austreibung der Seele aus den metaphysischen Diskursen in der Philosophie der Neuzeit. In H.-U. Rüegger, E. Dueck & S. Tietz (Hrsg.), *Abschied vom Seelischen. Erkundungen zum menschlichen Selbstverständnis* (S. 141–156). Zürich: Vdf Hochschulverlag AG.

Hostie, R. (1955). *Du mythe a la religion: la psychologie analytique de C. G. Jung.* Bruges: Desclée de Brouwer.

Huber, R. (1998). Das Mehr im Weniger ereignet sich als Begehren. In E. Frick & R. Huber (Hrsg.), *Die Weise von Liebe und Tod. Psychoanalytische Betrachtungen zu Kreativität, Bindung und Abschied* (S. 184–198). Göttingen: Vandenhoeck & Ruprecht.

Huth, W. (2023). *Glaube, Ideologie und Wahn. Der Mensch zwischen Realität und Illusion.* Freiburg i. Br.: Herder.

Irsigler, H. (2021). *Gottesbilder des Alten Testaments: Von Israels Anfängen bis zum Ende der exilischen Epoche.* Freiburg i. Br.: Herder.

Jaffé, A. (Hrsg.). (1961/1972). *Erinnerungen, Träume, Gedanken von C. G. Jung.* Buchclub Ex Libris.

Jaffé, A. (1988). C. G. Jung – ein Mystiker? In *Mystik und Grenzen der Erkenntnis* (S. 15–37). Zürich: Daimon.
Jarrett, J. L. (Hrsg.). (2020). *Jung's seminar on Nietzsche's Zarathustra: Abridged edition.* Princeton: Princeton University Press.
Jaspers, K. (1932). *Philosophie II (Existenzerhellung).* Berlin: Springer.
Jaspers, K. (1962/2016). *Der philosophische Glaube angesichts der Offenbarung.* Basel: Schwabe.
Jonas, H. (1984/2014). *Der Gottesbegriff nach Auschwitz. Eine jüdische Stimme* (Kindle-Version). Frankfurt a. M.: Suhrkamp.
Jung, C. G. (1939/1940 [1990]). *Die Exercitia spiritualia des Ignatius von Loyola.* Vorlesung, gehalten an der ETH Zürich vom 16. Juni 1939 bis 8. März 1940, innerhalb der Folge »Der Individuationsprozess«. Umschrift der stenographischen Notizen von dipl. Masch.-Ing. ETH Eduard Sidler, erstellt von Frau Ida Baumgartner (Vol. Hs 1067:2). Zürich: ETH Bibliothek, Hochschularchiv.
Jung, C. G. (1940/2008). The process of individuation. Exercitia spiritualia of St. Ignatius of Loyola. Notes on lectures given at the Eidgenössische Technische Hochschule, Zürich. June 1939–March 1940 (Teilübersetzung). In E. Frick & B. Lautenschlager (Hrsg.), *Auf Unendliches bezogen. Spirituelle Entdeckungen bei C. G. Jung* (S. 71–77). München: Kösel.
Jung, C. G. (2009). *Das Rote Buch. Liber Novus.* Hrsg. v. S. Shamdasani. Düsseldorf: Patmos.
Kast, V. (2008). Spirituelle Aspekte in der Jung'schen Psychotherapie. *Psychotherapie Forum, 16*, 66–73.
Kierkegaard, S. (1849). *Die Krankheit zum Tode. Eine christlich-psychologische Entwicklung zur Erbauung und Erweckung von Anti-Climacus. Herausgegeben von S. Kierkegaard.* Kopenhagen.
Kirkpatrick, L. A. (1998). God as a substitute attachment figure: A longitudinal study of adult attachment style and religious change in college students. *Personality and Social Psychology Bulletin, 24*(9), 961–973.
Knox, J. (2003). *Archetype, attachment, analysis: Jungian psychology and the emergent mind. Mit einem Vorwort von Peter Fonagy.* New York: Brunner-Routledge.
Kopf, K. (2023). Was ist so besonders an Gott? Ein grammatischer Abweichler im Frühneuhochdeutschen. In *Linguistik der Eigennamen* (S. 113–136). Berlin: Gruyter.
Krüger, M. D. (2021). Bildhermeneutische Theologie. Evangelische, hermeneutische und metaphysische Perspektiven. In M. D. Krüger, A. Lindemann & A. Schmitt (Hrsg.), *Erkenntnis des Göttlichen im Bild? Perspektiven hermeneutischer Theologie und antiker Philosophie* (Vol. 3, S. 33–160). Leipzig: Evangelische Verlagsanstalt.
Krüger, M. D. (2022). Die Bildlichkeit der Gottesrede in der neueren evangelischen Theologie. Beobachtungen und Überlegungen. In V. Burz-Propper (Hrsg.), *Gottes-Bilder: zur Metaphorik biblischer Gottesrede* (S. 245–258). Stuttgart: Kohlhammer.

Küchenhoff, J. (2024). Öffnet Spiritualität, die dem Unverfügbaren einen Rahmen verleiht, den Erfahrungshorizont oder verschließt sie ihn? In U. Anderssen-Reuster, E. Frick, L. Lewandowski & H. Will (Hrsg.), *Neuer Fortschritt in der Geistigkeit? Psychoanalyse und Spiritualität* (S. 55–70). Berlin: De Gruyter.
Kügler, H. (1989). Exerzitien als Individuationsprozess. Die Deutung der Geistlichen Übungen des hl. Ignatius durch C. G. Jung. *Theologie und Philosophie, 64*, 334–363.
Kunstmann, J. (2009). Eckharts Mystik des wachen Lebens: Zum religiösen Grund des Bildungsgedankens. *Evangelische Theologie, 69*(1), 36–45.
Kunze, I. (2013). »Intentionale Gemeinschaften« – Experimentierorte einer religionshybriden, »spirituellen« Kultur? In P. A. Berger, K. Hock & T. Klie (Hrsg.), *Religionshybride* (S. 187–200). Wiesbaden: Springer Fachmedien.
Lammers, A. C. & Kyburz, M. (Hrsg.). (2019a). *Neumann, Erich: The roots of Jewish consciousness, Volume One: Revelation and apocalypse* (Vol. 1). London: Routledge.
Lammers, A. C. & Kyburz, M. (Hrsg.). (2019b). *Neumann, Erich: The roots of Jewish consciousness: Volume Two: Hasidism* (Vol. 2). London: Routledge.
Lange, F. A. (1866). *Geschichte des Materialismus und Kritik seiner Bedeutung in der Gegenwart.* Iserlohn: Baedeker.
Largier, N. & Quint, J. (Hrsg.). (1993a). *Eckhart, Werke I.* Frankfurt a. M.: Suhrkamp.
Largier, N. & Quint, J. (Hrsg.). (1993b). *Eckhart, Werke II.* Frankfurt a. M.: Suhrkamp.
Lazar, R. A. (2003). *Mein Gott! ... Mein Gott? ... Dein Gott? An wessen, an welchen Gott denken wir denn überhaupt, wenn wir in Therapien und Supervisionen an Gott denken?. Wege zum Menschen, 55*(4), 206–210.
Lazar, R. A., Oechslen, R. & Jörgensen, K. (2016). »Faith-in-O« und der Umgang mit der Unbestimmtheit des Todes. In E. Frick & R. T. Vogel (Hrsg.), *Den Abschied vom Leben verstehen. Psychoanalyse und Palliative Care* (2. Auflage) (S. 63–78). Stuttgart: Kohlhammer.
Lesmeister, R. (1992). *Der zerrissene Gott. Eine tiefenpsychologische Kritik am Ganzheitsideal.* Zürich: IKM Guggenbühl.
Lesmeister, R. (2002). Jungs Wurzeln – Überlegungen zur ideellen Grundlegung seiner Psychologie unter Traditions- und Gegenwartsaspekten. *Analytische Psychologie, 33*(129), 175–197.
Lesmeister, R. (2014). C. G. Jungs Hiob-Schrift: Eine Empörung im Grenzland von Religion und Tiefenpsychologie. *Analytische Psychologie, 45*(2), 186–210.
Levinas, E. (1963/1983). Die Spur des Anderen. In W. N. Krewani (Hrsg.), *Die Spur des Anderen. Untersuchungen zur Phänomenologie und Sozialphilosophie* (S. 209–235). Freiburg i. Br., München: Alber.
Lévy-Valensi, E. A. (1991). *Job. Réponse à Jung.* Paris: Cerf.
Liebscher, M. (Hrsg.). (1939/1940 [2023]). *Jung on Ignatius of Loyola's Spiritual Exercises.* Princeton: Princeton University Press. https://doi.org/doi:10.1515/9780691244600

Löwe, A. (2014). »*Auf Seiten der inneren Stimme...«: Erich Neumann – Leben und Werk*. Freiburg i. Br.: Alber.
Loffeld, J. (2024). *Wenn nichts fehlt, wo Gott fehlt: Das Christentum vor der religiösen Indifferenz*. Freiburg i. Br.: Herder.
Loyola, I. v. (1548/1998). Geistliche Übungen. In P. Knauer (Hrsg.), *Ignatius von Loyola: Deutsche Werkausgabe. Band 2: Gründungstexte der Gesellschaft Jesu* (S. 85–269). Würzburg: Echter.
Maier, C. (2014). Bion und C. G. Jung: Wie fand das Modell »container-contained« seinen Denker? Über das Schicksal einer Kryptomnesie [= Bion and CG Jung: How did the container-contained model find its thinker? The fate of a cryptomnesia]. *Forum der Psychoanalyse, 30*(2), 157–178.
McGuire, W. (1925/1995). *C. G. Jung: Analytische Psychologie: Nach Aufzeichnungen des Seminars 1925*. Solothurn: Walter.
McGuire, W. (Hrsg.). (1925/2012). *Introduction to Jungian psychology. Notes of the seminar on Analytical Psychology given in 1925*. Princeton: Princeton University Press. https://doi.org/doi:10.1515/9781400839834.
Meerwein, F. (1971). Neuere Überlegungen zur psychoanalytischen Religionspsychologie. *Zeitschrift für Psychosomatische Medizin und Psychoanalyse, 17*(3/4), 363–380.
Metz, C. (2021). Abschiedlichkeit. In E. Frick & K. Hilpert (Hrsg.), *Spiritual Care von A bis Z*. Berlin: De Gruyter.
Mitscherlich-Nielsen, M. (2007). Jeder muss lernen, seine Vorurteile zu durchschauen. Interview mit Margarete Mitscherlich-Nielsen, Psychoanalytikerin. *Deutsches Ärzteblatt, 104*(30), A2106–A2107.
Money-Kyrle, R. (1971). The aim of psychoanalysis. *International Journal of Psycho-Analysis, 52*(1), 103–106.
Moore, T. (Hrsg.). (1989). *A blue fire: selected writings by James Hillman* (1. ed.). New York: Harper and Row.
Moreno, J. L. (1947/2012). *The future of man's world (Psychodrama Monographs 21)*. Beacon: North-West Psychodrama Association.
Moreno, J. L. (1955). Theory of spontaneity-creativity. *Sociometry, 18*(4), 105–118.
Moser, T. (1976). *Gottesvergiftung*. Frankfurt a. M.: Suhrkamp.
Moser, T. (2017). Raum für die Neuerfahrung Gottes. *Spiritual Care, 6*(1), 111–113.
Müller, J. J. & Petersen, Y. (2023). Bindungstheorie als Grundlage psychotherapeutischer Interventionen in der Palliativmedizin. In J. Anneser & E. Frick (Hrsg.), *Psychosomatische Medizin und Palliative Care. Perspektiven und Ansätze aus multiprofessioneller Sicht* (S. 105–123). Stuttgart: Kohlhammer.
Müller, K. (2005). Gottesbeweiskritik und praktischer Vernunftglaube. Indizien für einen Subtext der kantischen Theologien. In G. Essen & M. Striet (Hrsg.), *Kant und die Theologie* (S. 129–161). Darmstadt: wbg.
Neumann, E. (1948). Der mystische Mensch [www.opus-magnum.de]. *Eranos-Jahrbuch, 16*, 317–374.

Neumann, E. (1949). *Tiefenpsychologie und neue Ethik* [http://home.arcor.de/anlumue/neumann_ethik.pdf]. Zürich: Rascher.
Neumann, E. (1956/1974). *Die große Mutter. Eine Phänomenologie der weiblichen Gestaltungen des Unbewussten.* Olten, Freiburg i. Br.: Walter.
Neumann, E. (1963). *Das Kind. Struktur und Dynamik der werdenden Persönlichkeit.* Zürich: Rascher.
Neumann, E. (unveröffentlicht-a). *Beiträge zur Tiefenpsychologie des jüdischen Menschen und zum Problem der Offenbarung.* Engl.: The roots of Jewish consiousness I. London [2019]: Routledge.
Neumann, E. (unveröffentlicht-b). *Chassidismus und Judentum.* Engl.: The roots of Jewish consiousness II. London [2019]: Routledge.
Neumann, M. (2013). *Die fünf Ströme des Erzählens.* Berlin: De Gruyter.
Neumeister, S. (1986). Das unlesbare Buch: die Exerzitien des Ignatius aus literaturwissenschaftlicher Sicht. *Geist & Leben, 59*(4), 275–293.
Odenthal, A. (1999). Die Schrift »Das Wandlungssymbol in der Messe« von Carl Gustav Jung. Auf dem Weg zu einem Dialog der Liturgiewissenschaft mit der Tiefenpsychologie. *Archiv für Liturgiewissenschaft, 41*(1–2), 121–144.
Oeming, M. (2014). Im Konflikt der Interpretationen: Das Buch Hiob in historischkritischer Auslegung. *Analytische Psychologie, 45*(176), 166–185.
Osterhold, H. M. & Fernandes-Osterhold, G. (2023). Chasing the numinous: Hungry ghosts in the shadow of the psychedelic renaissance. *Journal of Analytical Psychology, 68*(4), 638–664.
Pargament, K. I. (1999). Religious/spiritual coping long form [RCOPE] Religious/spiritual coping short form [Brief RCOPE]. In Fetzer Institute (Hrsg.), *Multidimensional measurement of religiousness/spirituality for use in health research* (S. 43–56). Kalamazoo, MI: Fetzer Institute.
Pargament, K. I. (2014). Im Gespräch mit Kenneth Pargament. *Spiritual Care, 3*(1), 264–270.
Patrick, S., Baxter, E., J., N. D. & Amy, P. (2012). Epistemic trust: modeling children's reasoning about others' knowledge and intent. *Developmental Science, 15*(3), 436–447.
Peng-Keller, S. (2014). Zur Herkunft des Spiritualitätsbegriffs. Begriffs- und spiritualitätsgeschichtliche Erkundungen mit Blick auf das Selbstverständnis von Spiritual Care. *Spiritual Care, 3*(1), 36–47.
Peng-Keller, S. (2024). Spiritualität im Kontext von Gesundheit und Spiritual Care. In U. Anderssen-Reuster, E. Frick, L. Lewandowski & H. Will (Hrsg.), *Neuer Fortschritt in der Geistigkeit? Psychoanalyse und Spiritualität heute* (S. 27–40). Berlin: De Gruyter.
Pius XII., P. (1950). Apostolische Konstitution »Munificentissimus Deus« (https://www.vatican.va/content/pius-xii/it/apost_constitutions/documents/hf_p-xii_apc_19501101_munificentissimus-deus.html). *Acta Apostolicae Sedis, 42*, 753–773, hier: 761.

Plessner, H. (1928/1975). *Die Stufen des Organischen und der Mensch. Einleitung in die philosophische Anthropologie.* Berlin: De Gruyter.
Przywara, E. (1938/1964). *Deus Semper Maior. Theologie der Exerzitien I.* Wien, München: Herold.
Putnam, H. (1981/1982). *Vernunft, Wahrheit und Geschichte.* Frankfurt a. M.: Suhrkamp.
Quint, J. (Hrsg.). (1963). *Meister Eckehart, Deutsche Predigten und Traktate.* München: Hanser.
Rahner, H. (1952). *Der spielende Mensch.* Einsiedeln: Johannes.
Reisigl, M. (1997). »Teixl, die Frage hab' ich mir noch nie gestellt«: zur diskursiven Multifunktionalität sekundärer Interjektionen. *Wiener Linguistische Gazette, 60/61*, 89–112.
Reisigl, M. (1999). *Sekundäre Interjektionen. Eine diskursanalytische Annäherung.* Frankfurt a. M.: Lang.
Richter, H.-E. (2005). *Der Gotteskomplex. Die Geburt und die Krise des Glaubens an die Allmacht des Menschen.* Gießen: Psychosozial.
Rizzuto, A.-M. (1998). *Why did Freud reject God? A psychodynamic interpretation.* New Haven: Yale University Press.
Rizzuto, A. M. (2002). *The birth of the living God. A psychoanalytic study.* Chicago London: University of Chicago Press.
Roesler, C. (2021). Der Schatten Jungs und seine Auswirkungen auf die Analytische Psychologie heute. *Analytische Psychologie, 52*, 69–89.
Roesler, C. (2022). *Development of a reconceptualization of archetype theory.* Freiburg i. Br.: Katholische Hochschule.
Rosa, H. (2018). *Unverfügbarkeit (Unruhe bewahren).* Wien, Salzburg: Residenz Verlag.
Rosa, H. (2019). »Spirituelle Abhängigkeitserklärung«. Die Idee des Mediopassiv als Ausgangspunkt einer radikalen Transformation. In K. Dörre, H. Rosa, K. Becker, S. Bose & B. Seyd (Hrsg.), *Große Transformation? Zur Zukunft moderner Gesellschaften: Sonderband des Berliner Journals für Soziologie* (S. 35–55). Wiesbaden: Springer Fachmedien.
Rosenzweig, F. (1929/2001). Der Ewige. In *Zweistromland: kleinere Schriften zur Religion und Philosophie.* Berlin, Wien: Philo.
Rudin, J. (1953). Rez. »Antwort auf Hiob«. *Orientierung, 17*, 41–44.
Sadowski, W. (2022). A brief history of O! *Poetics Today, 43*(1), 103–125.
Sans, G. (2019). Die Wahrheit der subjektiven Erfahrung. In E. Frick & L. Maidl (Hrsg.), *Spirituelle Erfahrung in philosophischer Perspektive* (S. 171–184). Berlin: De Gruyter.
Sborowitz, A. (1948). Beziehung und Bestimmung: die Lehren von Martin Buber und C. G. Jung in ihrem Verhältnis zueinander. *Psyche, 2*(1), 9–56.
Schaap-Jonker, H., Eurelings-Bontekoe, E. H. M., Zock, H. & Jonker, E. R. (2007). The personal and normative image of God: The role of religious culture and

mental health. *Archiv für Religionspsychologie/Archive for the Psychology of Religion, 29*, 305–318.

Schmiedl-Neuburg, H. (im Druck). Jaspers and Bion. Existential illumination and ontological transformation. In R. Gutschmidt & E. Frick (Hrsg.), *Existential elucidation. Jaspers and Spiritual Care*. Berlin: De Gruyter.

Schnocks, D. (2024). *Ist Gott ein Symbol? Mit C. G. Jung Spiritualität tiefenpsychologisch verstehen*. Stuttgart: Kohlhammer.

Schwienhorst-Schönberger, L. (2007). *Ein Weg durch das Leid: das Buch Ijob*. Freiburg i. Br.: Herder.

Schwienhorst-Schönberger, L. (2023). *Der eine Gott und die Götter: Religions- und Theologiegeschichte Israels – ein Durchblick*. Freiburg i. Br.: Herder.

Shonkoff, S. S. B. (2021). »Corporeality, not spirituality«: Martin Buber's resistance at Eranos in 1934. *Journal of Religion, 101*(4), 505–523.

Smith, R. C. (1961). *A critical analysis of religious and philosophy issues between Buber and Jung* [S.T.D.]. Ann Arbor: Temple University.

Sölle, D. (1981). *Vater, Macht und Barbarei: feministische Anfragen an autoritäre Religion; praktische Implikationen* (Vol. 17). Würzburg: Echter.

Sölle, D. (1995). Búsqueda feminista de los nombres de Dios. *Diakonia*(75), 18–24.

Stein, M. (1996). *Jung's treatment of Christianity: The psychotherapy of a religious tradition* (Kindle-Version). Asheville: Chiron.

Stier, F. (1989). *Das Neue Testament*. München: Kösel.

Stock, A. (2011). *Liturgie und Poesie: zur Sprache des Gottesdienstes*. Kevelaer: Butzon & Bercker.

Tagliamonte, S. A. & Jankowski, B. L. (2019). Golly, Gosh, and Oh My God! What North American dialects can tell us about swear words. *American Speech, 94*(2), 195–222.

Tardan-Masquelier, Y. (1998). *Jung et la question du sacré*. Paris: Albin Michel.

Thielicke, H. (1962). *Das Schweigen Gottes*. Hamburg: Furche-Verlag.

Tilander, Å. (1990). *A theme in CG Jung's Psychohistory: an analysis of the origin and development of a complex*. Teologiska institutionen. Uppsala.

Tilander, Å. (1991a). C. G. Jung's inability to believe in Jesus and his paterofobia. In O. Wikström (Hrsg.), *Klinisk Religions Psykologi. Forskningsrapport frän Andra Nordiska Religionspsykologiska Symposiet pä Modum Bads Nervesanatorium. Vikersund 8-10 januari 1990* (S. 143–154). Uppsala: Religionsbeteendevetenskapliga förlaget.

Tilander, Å. (1991b). Why did C. G. Jung write his autobiography? *Journal of Analytical Psychology, 36*, 111–124.

Trüb, H. (1951). *Heilung aus der Begegnung: Eine Auseinandersetzung mit der Psychologie C. G. Jungs*. Stuttgart: Klett.

Turing, A. M. (1950). Computing machinery and intelligence. *Mind, 59*, 433–460.

Utsch, M. (2024). Good religion – bad religion: Neun Beobachtungen zum Verhältnis Religion – Psychotherapie. In U. Anderssen-Reuster, E. Frick, L. Lewandowski & H. Will (Hrsg.), *Neuer Fortschritt in der Geistigkeit? Psychoanalyse und Spiritualität heute* (S. 7–26). Berlin: De Gruyter.

Utsch, M., Anderssen-Reuster, U., Frick, E., Gross, W., Murken, S., Schouler-Ocak, M. & Stotz-Ingenlath, G. (2017). Empfehlungen zum Umgang mit Religiosität und Spiritualität in Psychiatrie und Psychotherapie. *Spiritual Care, 6*(1), 141–146.

Vogel, R. T. (2021). Das Undurchschaubare. Opazität als erkenntnistheoretische Schnittfläche von Kunst und Spiritualität. *Spiritual Care, 10*(3), 253–256.

Voll, K., Müller, J. J., Loetz, C. & Frick, E. (2017). Was verstehen Studierende unter dem Begriff der Seele? Ein Vergleich der Fachrichtungen Medizin, Philosophie, Theologie und Psychologie. *Spiritual Care, 6*(1), 7–20.

Wallraff, M. (2020). Das Spottkruzifix vom Palatin. Der älteste Fall anitchristlicher Blasphemie. In M. D. Wüthrich, M. Gockel & J. Mohn (Hrsg.), *Blasphemie. Anspruch und Widerstreit in Religionskonflikten. Religion: Debatten und Reflexionen* (S. 151–163). Tübingen: Mohr Siebeck.

Weber, M. (1905/1920). Die protestantische Ethik und der Geist des Kapitalismus. In ders. (Hrsg.), *Gesammelte Aufsätze zur Religionssoziologie* (Vol. 1, S. 17–206). Tübingen: Mohr Siebeck.

Weber, M. (1909/1994). Brief an Ferdinand Tönnies vom 19.02.1909. In M. R. Lepsius, W. J. Mommsen, B. Rudhard & M. Schön (Hrsg.), *Max Weber-Gesamtausgabe, Abteilung II: Briefe* (Vol. 6, S. 63). Tübingen: Mohr Siebeck.

Wendel, S. (2007). »Da gibt es kein Männliches und Weibliches (Gal 3, 28)«. Ein Vorschlag zur Gotteslehre aus Gender-Perspektive. In B. Jeggle-Merz, A. Kaupp & U. Nothelle-Wildfeuer (Hrsg.), *Frauen bewegen Theologie. Die Präsenz von Frauen in der theologischen Wissenschaft am Beispiel der Theologischen Fakultät der Albert-Ludwigs-Universität Freiburg* (S. 72–85). Leipzig: Evangelische Verlagsanstalt.

Westerink, H. (2010). Verwehte Trauer. Ansätze zu einer Freudschen Theorie des Trostes. *Wege zum Menschen, 62*, 61–75.

Whitebook, J. (2016). »Geistigkeit«: Ein problematischer Begriff. *Psyche, 70*(3), 193–211.

Whitehead, A. N. (1957). *Process and reality.* New York: Macmillan.

Winnicott, D. W. (1953). Transitional objects and transitional phenomena. A study of the first not-me posession II. *International Journal of Psycho-Analysis, 34*, 89–97.

Winnicott, D. W. (1963/1965). Communicating and not communicating leading to a study of certain opposites. In D. W. Winnicott (Hrsg.), *Maturational processes and the facilitating environment. Studies in the theory of emotional development* (S. 179–192). London Toronto: Holgarth Street Press/Clarke, Irwib & Co.

Winnicott, D. W. (1963/2002). Moral und Erziehung. In ders. (Hrsg.), *Reifungsprozesse und fördernde Umwelt* (S. 120–137). Gießen: Psychosozial.

Zimmermann, G. (2012). »Gott« ist kein Eigenname, sondern ein zweistelliger Relationsbegriff. *Neue Zeitschrift für Systematische Theologie und Religionsphilosophie, 54*(3), 332–348.

Stichwortverzeichnis

A

Abgeschiedenheit 108, 136
Abhängigkeitserklärung
– spirituelle 30
Abwesenheit
– Dilemma der 50
– Gottes 44, 54
Alltag 43, 136
Anthropologie
– mystische 42
– negative 106
Anti-Realismus
– des Gottesbildes 79, 89
Arbeitsmodell
– inneres (J. Bowlby) 110
Archetyp
– Anima/Animus 39
– Bindung 110
– der Mutter 77
– des göttlichen Kindes 77
– Erd- 43
– Gott als Urbild 108
– Heilungs- 140
– Schatten 35, 78, 92, 143
– Selbst 43
Assumptio (Aufnahme in den Himmel) 76, 160
Authentizität 115, 139

B

Bilderverbot 17, 105–107
Bindung (J. Bowlby)
– Attachment-to-God-Theorie 110, 111, 119
Bindungsstil (J. Bowlby) 88, 95, 110, 113, 114, 116, 119, 120, 122, 123, 127

C

Christentum 13, 18, 46, 100
Club
– psychologischer (Zürich) 33, 148, 149
Coping (Krankheitsverarbeitung) 92, 93, 103

D

Differenz
– psychologische 38, 41
Dissoziabilität
– der Psyche 103
Dritte-Person-Perspektive 28–32, 94, 102

Stichwortverzeichnis

E

emisch vs. etisch 41
Entzauberungs-Komplex (W. Giegerich) 82, 84
Erfahrung
- archetypische 38
etisch vs. emisch 42
Exerzitien
- spirituelle 18, 44, 108, 131, 133–139, 141, 145
Exklusivismus 88

G

Geheimnis 19, 42, 63, 74, 110, 111, 135, 152, 159
Geistigkeit 15, 17, 18, 20, 107, 138, 154
Gender 87, 98, 100, 107
Gnade 49, 82, 83, 153
Gott
- Abwesenheit 29, 30, 44, 54, 59, 63–65, 111
- Exkrement 82
- G*tt 50, 100
- in der Sprache 28, 48, 50–55, 57, 60, 92
- Israels 45, 46, 67, 69, 70, 86, 98, 99, 103, 155
Gottebenbildlichkeit 106
Gottesbild
- bewusst vs. unbewusst 61, 87, 100
- Monotheismus 99, 102, 103, 105
- pathologisch vs. gesund 87, 102, 103
- Polytheismus 103
- Übergangsobjekt (A. M. Rizzuto) 64, 90, 119, 123, 129
- Übergeschlechtlichkeit 98, 99
Gottesfinsternis 153, 155, 160
Gottesvergiftung 31, 94
Gottesverwundung 143, 144
Grenzsituation (K. Jaspers) 55
Grundwort Ich-Du 29, 31
Grundwort Ich-Es 29, 152, 156

I

Ich-Selbst-Achse 42, 72
Identität
- sexuelle 50
Immanenz 42, 44, 45
Inkarnation (Menschwerdung Gottes) 69, 76, 77
Inklusivismus 88
Interjektionalisierung 55, 58
Interjektionen
- sekundäre 58, 59
Islam 46

J

Judentum 43, 107, 151

K

Kenosis 57, 74
Kompensationshypothese 111, 119
Komplex 86, 103, 107
Koran 46
Korrespondenzhypothese 111
Kreuz/Kreuzigung 140, 141

L

Lexikalisierung 50, 52

Stichwortverzeichnis

M

Meditation 55, 136, 137
Menschwerdung (Inkarnation) 69, 70, 74, 75, 77, 101, 136, 147, 155
Mentalisieren (Denken und Fühlen) 110
Metapher 51, 52, 54, 135
Metaphysik 32, 35, 36, 79, 150
Moderne
– klassische 47
Münster-Erlebnis 81, 82
Mystagogie 44, 135
Mystik
– französische 14
– frühchristliche 14
– Hoch- vs Nieder- 42
– ignatianische 18, 42, 44, 133
– mittelalterliche 30
– psychoanalytische 62, 63, 65
– rheinische 33
– uroborische 42

N

Negativität/Positivität 39, 40, 93
Normativität 87–90, 102, 115, 128

P

Panpsychismus 35, 152
Persönlichkeit Nr. 1 19, 81, 152
Persönlichkeit Nr. 2 19, 20, 81
Pluralismus 88
Positivität/Negativität 39, 40, 93
Postmoderne 49, 50
Psychodrama 95, 96, 98
Psychologie
– Analytische 15, 18, 42, 101, 104, 110, 150
– Entwicklungs- 99
– experimentelle 36

– ohne Seele 38
– positive 92
– positivistische 92
– Tiefenpsychologie 43, 160
Psychologismus 15, 32–35, 152

R

Realismus
– des Gottesbildes 80, 81, 89, 156
Relativismus
– des Gottesbildes 80, 89, 100
Religion 13–15, 18, 38–41, 46, 48, 57, 62, 87, 88, 90, 93, 103, 122, 160
Religionskritik 31, 40, 45, 49, 50

S

Schicksal 47, 60, 74
Sophia/Weisheit 33, 43, 75, 77, 88, 147
Spiritismus 19
Spiritual Care 14
Spiritual Turn 15, 49, 50
Spiritualität
– Begriff 14, 18, 40, 41
– dimensional 41
– emergierende 14
– ignatianische 44
– indische 43
– kategorial 41
Sterbewunsch 114
Stoßgebet 57
Suche
– spirituelle 15, 20, 43, 46, 49, 50, 72, 81, 86, 95, 102, 158, 159

T

Theologie
– dialektische 32

175

- feministische 105
- negative 80, 81, 92, 106

Transzendenz 31, 42–45, 105, 115
Trauer 61, 64, 65, 119, 127, 151
Trauma 120, 132, 133
Trost/Trostlosigkeit 44, 134, 135

U

Unterscheidung der Geister 44, 134–136, 139
Unverfügbarkeit 29, 30

V

Vergegnung 37, 151
Verinwendigung 28, 31–33
Verseelung 15, 28, 33, 34, 79, 148, 152
Vertrauen
- epistemisches 64

Vormoderne 46

Z

Zimzum 57, 73
Zweite-Person-Perspektive 28–31, 52, 61, 94, 95